saggistica

Gherardo Colombo
con Franco Marzoli

Farla franca

La legge è uguale per tutti?

Prefazione di
Umberto Galimberti

TEA

Per informazioni sulle novità
del Gruppo editoriale Mauri Spagnol visita:
www.illibraio.it
www.infinitestorie.it

TEA - Tascabili degli Editori Associati S.p.A., Milano
www.tealibri.it

Per eventuali rettiifiche ed errata corrige:
www.longanesi.it/farlafranca/erratacorrige

Prima edizione Saggistica TEA settembre 2013

PREFAZIONE

di Umberto Galimberti

I problemi dell'Italia sono davvero solo economici e quindi risolvibili solo nell'ambito dell'economia, o sono molto più radicati, più profondi, più antichi, e quindi da individuare nell'antropologia dell'italiano, fortemente individualista e per nulla sensibile alla dimensione sociale, che guarda allo Stato come a un'entità separata, e alle sue leggi come a dei dispositivi da cui difendersi con le strategie dell'elusione, dell'evasione, dell'esportazione illecita dei capitali, della corruzione e al limite con pratiche mafiose?

Perché se questa è la diagnosi, allora non bastano i sacrifici economici che da ogni parte dell'Europa si chiedono agli italiani, non bastano gli sforzi della giustizia e le sentenze dei tribunali, non bastano quei brevi periodi di buon governo che di tanto in tanto fanno la loro comparsa quando si presenta una qualche emergenza che non si sa come affrontare. I problemi dell'Italia si risolveranno quando saremo in grado di educare gli italiani al rispetto delle regole e della legalità, incominciando dalle scuole frequentate dai bambini i quali, non avendo alle spalle un passato così triste e deprimente (come già era ben descritto da Goethe e da Leopardi, per non parlare di Dante), possono dar vita a quel modo nuovo di essere italiani che si riconoscono nel loro Stato e nelle sue leggi.

L'educazione chiede tempi lunghi, la cultura di un popolo ancora di più, ma nel frattempo l'emergenza minacciosa incombe, e lo stile della nostra politica, che senza uno scatto continua a interpretare, ora palesemente ora segretamente, le peggiori consuetudini degli italiani, ispirate più all'individualismo che al senso della comunità, non riesce a essere all'altezza delle rapide trasformazioni economiche, culturali e sociali che il nostro tempo impone, con un'accelerazione che la storia passata non ha mai registrato.

Stante queste premesse le ipotesi di un risveglio nazionale e di un cambiamento di mentalità nel nostro modo di convivere e fare comunità appaiono molto improbabili, se non addirittura impossibili. Non è una questione di pessimismo, perché se il problema dell'Italia, prima di essere economico, è culturale, se addirittura la grave situazione economica è l'effetto incontestabile della maggiore o minore diffidenza che l'italiano nutre verso la società e lo Stato, ogni ipotesi di una facile soluzione ha tutto il sapore di una cieca speranza.

Traggo queste considerazioni dalla lettura di questa lunga e documentata intervista, che Gherardo Colombo ha rilasciato a Franco Marzoli e ai suoi collaboratori, sugli ultimi venti anni della nostra vita politica, giudiziaria e sociale. È una storia che i giovani non conoscono e quelli più grandi di loro ricordano solo a episodi che, tra loro slegati, non consentono di cogliere quel nesso che rivela non l'assenza della politica, ma la sua frequente complicità nel vanificare, tramite dispositivi legislativi, quelle stesse leggi che di volta in volta essa emanava.

Prima della caduta del muro di Berlino del 1989 era praticamente impossibile compiere indagini che investissero il potere espresso da esponenti politici, finanziari e imprenditoriali, a cui si aggiungevano alcuni vertici della magistratura che, per colleganza culturale o per quieto vivere, preferivano non aprire certi cassetti. L'articolo 3 della Costituzione, che prevede che tutti i cittadini sono uguali davanti alla legge, era del tutto disatteso. Con il crollo del muro si assiste a uno sconvolgimento negli apparati del potere. Cade il fattore K, come Alberto Ronchey aveva battezzato l'esclusione delle sinistre dal potere, e quindi il ricambio della classe politica che in quarant'anni aveva solidificato il proprio intreccio di interessi. In questo clima nuovo che si era creato diventa possibile indagare su parlamentari, ministri, presidenti del Consiglio, prima intoccabili o protetti da immunità parlamentare.

Emergono così gli intrecci tra politica e imprenditoria, tra imprenditoria e guardia di finanza, tra potere finanziario e potere mafioso, per non parlare dei servizi segreti deviati, della società segreta P2, dei fondi neri dell'Iri, delle stragi impunite, da piazza Fontana a piazza della Loggia a Ustica, dall'omicidio Moro alle stragi che hanno stroncato la vita a Falcone e a Borsellino, su cui gli italiani attendono ancora oggi la verità.

Di gran parte di queste indagini Gherardo Colombo è stato protagonista e in questo libro-intervista buon testimone. Un libro che va letto con grande attenzione perché, anche in occasione della celebrazione dei centocinquant'anni dall'Unità d'Italia, è impensabile un risveglio della coscienza nazionale se non si è capaci o non si ha interesse o voglia di scoprire dove affondano le radici dell'assopimento della nostra coscienza civile, e le ragioni per cui in troppe circostanze questa coscienza non abbia mai visto la luce.

Le indagini che presero il nome di Mani pulite all'inizio riscossero un consenso unanime da parte dell'opinione pubblica che manifestava con slogan come « Colombo, Di Pietro non tornate indietro », « Di Pietro, Colombo andate fino in fondo », ma in fondo non si poté andare, perché finché le indagini riguardavano persone di prestigio c'era la solidarietà dei cittadini, una solidarietà che però venne meno quando, estendendosi, le indagini coinvolsero anche le persone comuni.

La nostra stampa, che non avrebbe mezzi di sopravvivenza se non fosse di proprietà (altro fattore che inquina la democrazia), non fu insensibile al malcontento della gente comune, che in piccolo commetteva gli stessi reati delle persone potenti, come stanno a dimostrare i livelli elevati dell'evasione fiscale nel nostro Paese. Alla pressione della stampa, infine, non furono insensibili anche settori della magistratura, in parte perché non indipendenti dagli intrecci corruttivi degli uomini di potere, in parte per quieto vivere. Ed è a questo punto che il cerchio si chiude.

Ma non del tutto. Negli anni Novanta le indagini proseguono, sia pure con tutte le difficoltà connesse al fatto che le forze politiche, di qualsiasi maggioranza, non solo non si preoccupano di contrastare significativamente i fenomeni di corruzione emersi, ma addirittura promuovono leggi che ne ostacolano l'accertamento. Ne è prova il dispositivo legislativo che concedeva la custodia cautelare al privato che avesse commesso un'estorsione, come ad esempio un furto al supermercato, ma la negava alla concussione, che altro non è che un'estorsione commessa da un pubblico ufficiale per abuso dei suoi poteri.

Questo dispositivo legislativo ostacolò le indagini sulla corruzione della guardia di finanza, i cui membri infedeli, sottratti alla custodia cautelare, avevano la possibilità di inquinare le prove. E siccome tra corrotti e corruttori c'è un reciproco interesse a coprirsi a vicenda, non c'è altro strumento che non sia la custodia cautelare per separare gli uni dagli altri onde evitare la cancellazione delle prove.

E questo solo per fare un esempio di come la politica, con i suoi dispositivi legislativi, limitò lo spazio d'azione della giustizia. Altri se ne possono elencare, come la revisione dei termini di prescrizione per i reati di abuso d'ufficio e di falso in bilancio, gli ostacoli frapposti alle rogatorie internazionali dalla lentezza del ministero della Giustizia e dal disinteresse del ministero degli Esteri da cui le richieste dovevano passare. A ciò si aggiunga la lungaggine delle procedure adottate dagli Stati esteri a cui le rogatorie erano rivolte, per cui le risposte o non arrivavano, o erano rifiutate spesso con motivazioni speciose, oppure giungevano quando il reato era già prescritto. E tutto questo senza che i nostri governi intervenissero a livello diplomatico per far rispettare gli accordi internazionali.

Da non dimenticare infine le ispezioni ministeriali, i procedimenti disciplinari (cinque ne subì Gherardo Colombo, tutti risolti positivamente) e non di rado le denunce ai magistrati, a cui seguivano procedimenti penali, ogniqualvolta le indagini giungevano a snodi importanti per l'accertamento della verità. In fondo è più facile dire che si è perseguitati dalla magistratura che entrare nel merito della questione, portando le prove dell'errore del magistrato o della sua parzialità. Questa serie di azioni disciplinari e di denunce penali può aver intimidito parte della magistratura, distratto dalle indagini che stava conducendo quel magistrato che nel contempo era indagato, e infine può aver indotto qualche magistrato a non occuparsi di questioni che, opportunamente messe a fuoco, avrebbero comportato problemi alla propria vita professionale e personale.

Quando si fece strada l'idea di una pacificazione che avrebbe dovuto tradursi in una amnistia, Gherardo Colombo era contrario, non solo in omaggio all'articolo 3 della Costituzione che prevede l'uguaglianza dei cittadini « senza distinzione di condizioni personali e sociali », dal momento che se le regole non valgono per tutti sono del tutto inutili, ma per la persuasione che non si sarebbe mai usciti dalla corruzione se, con l'amnistia, « si fosse tenuto definitivamente nascosto quello che sarebbe stato necessario scoprire ». Ciò gli valse l'accusa di essere un « cerbero giustizialista », « incurante dei diritti delle persone e dei diritti degli indagati », « magistrato parziale e politicizzato », infine « toga rossa ».

In realtà per Gherardo Colombo non era determinante la punizione, ma la scoperta del crimine perché, come tutti sappiamo, non c'è cura se non si conosce o non si vuol conoscere la vera causa della malattia. E allora invece di politiche volte ad arginare l'intervento della magistratura, sarebbero state necessarie politiche capaci di introdurre misure idonee a ridurre la devianza e la violazione della legge. Capovolgendo il principio machiavellico: « il fine giustifica i mezzi », se il fine è l'osservanza della legalità, a parere di Gherardo Colombo, il mezzo non può essere la limitazione dell'autonomia della magistratura, perché questo « mezzo » non è assolutamente adeguato al « fine ».

Detto questo non si può affidare alla magistratura il compito di risanare una società in cui « la devianza è così diffusa che ogni anno giungono alle procure della Repubblica tre milioni di notizie di reato ». Se si vuole davvero cercare un rimedio, secondo Gherardo Colombo occorre innanzitutto un'azione *preventiva*, dove davvero siano in grado di funzionare « livelli diversi di responsabilità antecedenti a quella penale: la responsabilità politica, quella amministrativa, quella professionale ». E solo in un secondo momento un'azione *riconciliativa*, da attuarsi non con un'amnistia che tutto seppellisce, ma con un recupero di chi ha deviato. Ovviamente questo recupero non può avvenire nelle nostre carceri, dove i detenuti sono ammucchiati in celle dalle dimensioni ridotte e da condizioni di vita che confliggono a tal punto col rispetto della dignità umana, da indurre molti al suicidio. La pena non deve tradursi in una violenza di Stato, perché se il principio è violenza contro violenza, si finisce per legittimare anche la violenza di chi ha commesso il reato.

Se questo percorso richiede tempo e un mutamento di mentalità, per un miglior funzionamento della giustizia Gherardo Colombo propone, sull'immediato, di cambiare le regole del processo, eliminando le garanzie formali che servono solo ad allungarlo, fornendo ai giudici strumenti effettivi, che non sono tanto le fotocopiatrici quanto le persone che li possano coadiuvare, riorganizzando con maggior razionalità gli uffici giudiziari, riducendo il numero degli avvocati, e tutto questo per smascherare l'alibi di chi si lamenta della lentezza della giustizia, e poi segretamente partecipa a quella cultura diffusa secondo la quale: «se la giustizia non funziona non è poi un gran danno».

Un giorno, incontrando una persona indagata che aveva risolto la sua posizione con un patteggiamento, alla domanda di quest'ultimo: «Quanta corruzione avete fatto emergere con le vostre indagini?» Gherardo Colombo rispose: «Forse la metà». La risposta del suo interlocutore fu: «Cali dottore, cali di un bel po'... Se avete scoperto il venti, venticinque per cento di quel che è successo è già tanto». Questa affermazione non si discosta dalle statistiche di Transparency International sui tassi internazionali di corruzione: più vicina ai Paesi in via di sviluppo che ai Paesi industrializzati, l'Italia è passata dal trentatreesimo posto dei primi anni Novanta al sessantanovesimo del 2011. E tutto questo senza che a livello legislativo e a livello amministrativo si sia fatto granché per rendere più difficile la corruzione e più facile scoprirla.

C'è qualche speranza per porre rimedio a una situazione degradata dal punto di vista morale, e così dannosa dal punto di vista economico? Penso di no se, come ha scritto Giuliano Ferrara in *Micromega* 1/2002: « Per fare politica devi essere ricattabile, devi stare entro un sistema che ti accetta perché sei disponibile a fare fronte, a essere partecipe di un meccanismo comunitario e associativo attraverso cui si selezionano le classi dirigenti. Ora la politica italiana non può perdere del tutto questa caratteristica, e il giudice che decide il livello e la soglia di tollerabilità di questi comportamenti è il corpo elettorale ». Anche se, aggiungo io, il popolo, come ci ricorda Platone, « può essere facilmente persuaso dalla retorica, dalla mozione degli affetti, dai falsi sillogismi », per cui il giovane, che deve scegliere tra i tipi di educazione, si domanda: « Salirò la torre più elevata per il sentiero della giustizia (*Díke*) o della seduzione ingannevole (*Apáte*), perché lì mi perda e passi la mia vita? » (*Repubblica*, 365 b).

Deluso anche dall'esperienza in corte di cassazione (dove con quarantamila ricorsi all'anno, e quaranta cause per udienza, giudicate a turno da cinque magistrati, di cui solo il relatore e il presidente conoscono il contenuto, l'insidia dell'errore non può essere esclusa, nonostante l'attenzione spasmodica che i magistrati vi dedicano), Gherardo Colombo, dopo trentatré anni, decide di abbandonare la magistratura, ormai persuaso che nel nostro Paese, per tutte le ragioni sopra elencate, la giustizia non può funzionare efficacemente, al punto che « a volte sembra una specie di macchina per macinare l'acqua ».

Questo congedo non è un disimpegno, non è dettato dalla sensazione della scarsa utilità della sua funzione in magistratura, ma dalla consapevolezza che, per quante riforme tecniche si facciano, peraltro utili e urgenti, quello che davvero occorre cambiare è la cultura del nostro Paese che diffida dello Stato, che non rispetta le regole e, non rispettandole, non crea le condizioni per cui i cittadini si rispettino l'un l'altro. Mosso da questa motivazione Gherardo Colombo frequenta tutte le scuole, soprattutto le elementari e le medie, per insegnare le regole della convivenza, scrive libri su questo tema per lui essenziale, anche libri per bambini, perché è dall'infanzia che bisogna partire, per educare al principio che non c'è città che possa reggersi senza la corretta condotta dei cittadini.

Di questo era convinto anche Aristotele, secondo il quale le leggi della città realizzano non solo il bene comune, ma anche il bene individuale, non essendoci per l'individuo, che è « animale sociale » (*zôon politikón*), altra dimensione di autorealizzazione che non sia nella città. E perciò scrive, nel suo trattato sulla *Politica* (Libro VII, 1333b-1334a): « In realtà le stesse cose sono le migliori e per l'individuo e per la comunità, e sono queste che il legislatore deve infondere nell'animo degli uomini. [...] Gli uomini, infatti, hanno lo stesso fine sia collettivamente sia individualmente, e la stessa meta appartiene di necessità all'uomo migliore e alla costituzione migliore ».

Ma perché i cittadini italiani sono così distanti da questo ideale aristotelico? Io penso che ciò dipenda dal non aver ancora acquisito e interiorizzato due valori essenziali per una corretta convivenza: il *senso dello Stato* e *l'etica civile*. Le cause, a mio parere, sono facilmente riconducibili a tre fattori:

1. Lo Stato italiano, di cui quest'anno si celebrano i centocinquant'anni dalla sua unità, non ha un'esperienza unitaria plurisecolare come la Francia, l'Inghilterra e i Paesi scandinavi. A ciò si aggiunga che per secoli il nostro Paese è stato diviso e governato da potenze straniere, per cui lo Stato era lo « straniero », da cui non ci si sentiva rappresentati e verso cui si nutrivano sentimenti ostili. La cultura dello « Stato nemico » ha sviluppato, in tutti i suoi aspetti, an-

che i più degenerati, quel tratto esasperato di individualismo, per cui ciascuno si fa gli affari suoi nel più completo disimpegno nei confronti dell'interesse generale.

2. L'Italia è un Paese cattolico, la cui cultura di fondo prevede, come vuole l'immagine di Sant'Agostino, la subordinazione della «città terrena» alla «città celeste». A questo proposito Agostino è chiarissimo e ne *La città di Dio* (Libro XIV, 1) scrive: «La vera giustizia è solo in quello Stato, se pure si può chiamare così, fondato e retto da Cristo. E allora certamente si può dire che la vera giustizia è in quella città della quale la Sacra Scrittura proclama: di te si dicono cose stupende, città di Dio».

Questa gerarchia, che subordina la città terrena alla città celeste, si fonda sul fatto che per il cristianesimo la destinazione dell'individuo è ultraterrena, la sua esistenza, pur svolgendosi nel mondo, dovrà essere separata dal mondo e il senso della sua vita «privatizzato». All'individuo va il compito di conseguire la propria salvezza ultraterrena, allo Stato e a chi lo governa, il compito di ridurre gli ostacoli che si frappongono a questa realizzazione. Ne consegue che nel pensiero cristiano morale e politica divaricano, perché la destinazione dell'individuo non ha più parentela con la destinazione della società.

Questa è la ragione per cui Rousseau ne *Il contratto sociale* (Libro IV, capitolo VII) scrive: «Il cristiano è un cattivo cittadino. [...] Lungi dall'affezionare i cuori dei cittadini allo Stato, il cristianesimo li distacca come da tutte le altre cose terrene. Non conosco nulla di più contrario allo spirito sociale. [...] Il cristianesimo è infatti una religione tutta spirituale, occupata unicamente dalle cose del cielo; la patria del cristiano non è di questo mondo. Egli fa il suo dovere, è vero; ma lo fa con una profonda indifferenza riguardo al buono o cattivo esito dei suoi sforzi. Purché non abbia nulla a rimproverarsi, poco gli importa che tutto vada bene o male quaggiù. Se lo Stato è fiorente, gode della felicità pubblica; se lo Stato deperisce, benedice la mano di Dio che si aggrava sul suo popolo. [...] Per il cristiano, infatti, l'essenziale è andare in paradiso, e la rassegnazione non è che un mezzo in più per raggiungere questo scopo ». Quando poi verrà meno la fede nel paradiso, non per questo si resusciterà la morale civile mai coltivata.

3. L'etica a cui le nostre coscienze sono sensibili è di fatto ancora molto arretrata. Essa si concentra su quei tre comandamenti che regolano la sessualità, l'omicidio e il furto. Quest'ultimo, nella forma del borseggio, dello svaligiamento delle case, della rapina. Furti più complicati, e di conseguenza più redditizi e per la società più dannosi, che si muovono a quel livello ai più impercettibile che è l'alta finanza, la corruzione tra politici e imprenditori, la concussione di pubblici ufficiali nell'abuso del loro potere, non sono entrati ancora nella coscienza morale collettiva e, se lo sono nell'ordine giudiziario, non sempre è possibile venirne a capo con sentenze capaci di suscitare nei cittadini indignazione e riprovazione morale. La concomitanza e l'intreccio di questi tre fattori produce quel livello di bassa moralità civile che, congiunta al non ancora raggiunto senso dello Stato, genera quella politica di cui tutti si lamentano, ma che in verità riflette esattamente il livello culturale e morale del nostro Paese.

Un livello che Gherardo Colombo ritiene di « grande immaturità ». Un'immaturità che, a suo parere, origina dalla « Controriforma che ha impedito, in particolare nella nostra penisola, l'occasione per seguire la strada verso la responsabilità, la libertà, il senso della comunità che invece è stata percorsa altrove ». A differenza infatti dei protestanti, che con le loro colpe devono vedersela direttamente con

Dio, i cattolici hanno, accanto all'enunciazione delle regole (dal pulpito), chi gli perdona le deroghe (in confessionale). Si crea così una doppia coscienza, per cui mentre ci si pente delle colpe commesse, già si pregustano quelle successive, perché tanto c'è il dispositivo del perdono che non consente l'assunzione di una vera e autentica responsabilità.

Inoltre in Italia non è stata assimilata la cultura illuminista, riassumibile nel monito di Kant «*Sapere aude!*» Leggiamo infatti nella sua *Risposta alla domanda: Che cos'è l'Illuminismo?* (1784): «L'Illuminismo è l'uscita dell'uomo da uno stato di minorità di cui egli stesso è responsabile. *Minorità* è l'incapacità di servirsi del proprio intelletto senza la guida di altri. La *responsabilità* di tale minorità va attribuita all'uomo stesso, quando la sua causa non risiede in una carenza dell'intelletto, ma dipende dalla mancanza di determinazione e di coraggio nel servirsene, appunto, senza la guida d'altri. *Sapere aude!* Abbi il coraggio di servirti del tuo intelletto. È questo il motto dell'Illuminismo».

Invece della lezione illuminista, noi italiani abbiamo continuato a percorrere la via tracciata dal potere temporale della Chiesa che ha educato non alla *libertà*, ma all'*obbedienza* che ci esonera dalla *responsabilità*. E una volta interiorizzata questa cultura, siamo sempre alla ricerca di qualcuno che pensi per noi e decida per tutti, in modo da sottrarci a qualsiasi nostra responsabilità.

Educare alla responsabilità è un compito difficilissimo, che non può essere delegato neppure all'apparato giudiziario il quale, potendo agire solo attraverso la sanzione, concorre alla cultura dell'obbedienza. Infatti, scrive Gherardo Colombo: «Se si rispetta la regola soltanto per il timore del castigo, si impara a obbedire, ma non a essere autonomi». Per questo Gherardo Colombo ha lasciato la magistratura. Se la sanzione è indispensabile per chi ancora segue una *morale eteronoma*, dove non si trasgredisce solo per il timore di essere scoperti, forse è il momento di incominciare a educare a una *morale autonoma*, dove si seguono le regole anche in assenza di un sorvegliante, perché si è acquisito il nuovo paradigma culturale che prevede che solo dal rispetto delle regole può nascere il rispetto reciproco, e soprattutto il buon funzionamento della città.

A questo punto non mi resta che ringraziare Franco Marzoli, Irene Grassini, Emanuele Breggia e Viola Caon che, con le loro interviste e con la loro puntuale documentazione allegata, hanno consentito a Gherardo Colombo non tanto di ripercorrere una storia passata, quella di Mani pulite, che, tra l'altro, passata non è, ma di indicare, dopo la via giudiziaria, quale altra via occorre percorrere per cambiare la mentalità e la cultura degli italiani, che ancora resistono all'osservanza delle regole, senza le quali non è possibile e neppure immaginabile una più corretta e rispettosa convivenza civile.

FARLA FRANCA

PREMESSA

Gherardo Colombo ha lasciato da qualche anno la magistratura e gira tra le scuole d'Italia per parlare ai ragazzi di regole, di Costituzione. Un giorno Franco Marzoli, amico dai tempi dell'università che ha un po' perso di vista, lo invita a parlare a Siena. Mentre camminano verso il luogo dell'appuntamento si accenna a Mani pulite, l'indagine di cui Gherardo è stato, anni prima, uno dei titolari. Passano un paio di mesi e si trovano di nuovo. Non sono soli: Franco è accompagnato da un giovane praticante avvocato col pallino della storia giudiziaria, Emanuele Breggia, e da Irene Grassini, specializzanda in Filologia moderna presso l'Università di Siena. Incontrano Gherardo proprio per Mani pulite: vogliono conoscerla attraverso gli occhi di uno dei suoi protagonisti. Non solo, e non tanto, la Mani pulite ufficiale. Importano le impressioni, le sensazioni, i pensieri di chi l'ha vissuta. In un quadro, però, esattamente documentato: per questo chiedono aiuto a Viola Caon, che si assume il compito di analizzare la stampa dell'epoca.

I capitoli intitolati *Gli antefatti*, *Quando la corruzione «non poteva» emergere: gli anni Ottanta*, *Il coinvolgimento in Mani pulite*, *I rapporti con gli indagati e con il mondo imprenditoriale*, *I rapporti con l'opinione pubblica, la stampa e il mondo politico*, *La questione della Bicamerale e la fine di Mani pulite*, *La corruzione dopo Mani pulite* e le appendici *Cronologia di Mani pulite* e *Gli aspetti economico-finanziari di Mani pulite* sono stati curati da Franco Marzoli; i capitoli intitolati *Riforme e controriforme* e *Rogatorie, ispezioni, procedimenti disciplinari e denunce* e l'appendice *Le parole di Mani pulite (e qualche numero)* sono stati curati da Emanuele Breggia, che ha collaborato anche alla *Cronologia di Mani pulite*; Irene Grassini ha curato il capitolo *La vita privata e i rapporti con i colleghi* e la *Bibliografia*. Le *Considerazioni finali* sono a firma di Marzoli, Breggia e Grassini; Viola Caon ha curato *Mani pulite e la stampa*.

Gli autori ringraziano Daniela Ruggiu che ha revisionato il testo con dedizione e competenza.

GLI ANTEFATTI

Ricordi, Gherardo, quando ci siamo conosciuti? Ero con altri a Milano, a casa di Maurizia, tua cugina, doveva essere il 1969. Mentre stavamo gustando un ottimo strudel suonano alla porta: eri tu, in divisa militare. Per me eri solo il cugino di un'amica. Non militavamo nel movimento studentesco, ma in qualche modo eravamo comunque, inevitabilmente, coinvolti dall'aria di rinnovamento e di speranza che si respirava ovunque. Ora ti chiedo: quando sognavi di fare il magistrato, come pensavi che sarebbe stato quel lavoro? Che idea ne avevi?

La decisione di fare il magistrato l'ho presa presto, a diciotto anni o forse prima: mi sono iscritto a giurisprudenza perché volevo fare il giudice. Perché? Credo che c'entri molto il lavoro di mio padre. Non era avvocato, non era giudice, era medico. Ero affascinato dall'utilità sociale di quel che faceva. Sarebbe piaciuto anche a me svolgere un lavoro utile agli altri, ma non volevo fare il medico. Mi sono guardato in giro e ho pensato alla funzione di giudice: credevo fosse particolarmente positivo verificare il rispetto delle leggi, di quelle leggi che hanno matrice nella Costituzione, la quale a sua volta ha la propria radice nel riconoscimento della pari dignità delle persone e della loro uguaglianza di fronte alla legge.

Nell'immaginario collettivo che, inevitabilmente, condiziona le scelte di un ragazzo, il giudice per definizione ha un ruolo di potere. Questa comprensibile ambizione era presente nei tuoi pensieri? Ha avuto qualche influenza su di te?

Non ero proprio affascinato dal potere! Mentre mi attrae da sempre l'indipendenza, la possibilità di assumersi la responsabilità del proprio lavoro senza doverla affidare ad altri (come succede quando si è dipendenti e si eseguono, in conseguenza, ordini). I giudici, dice la Costituzione, sono soggetti soltanto alla legge. Sono indipendenti dagli ordini altrui.

Però non hai fatto subito il giudice: da neolaureato hai lavorato in una compagnia d'assicurazioni, con scarsa soddisfazione. La scelta di affrontare il concorso in magistratura è stata influenzata dalla volontà di sentirti più realizzato?

Fin dall'università avevo voglia di diventare autonomo rapidamente. Volevo sposarmi con la ragazza che amavo e mettermi subito a lavorare. Per questo motivo ho fatto il militare, che allora era obbligatorio, durante l'università, e per questo motivo ho subito cercato un impiego, convinto di riuscire a preparare il concorso per entrare in magistratura lavorando. Studiare e lavorare insieme è risultato presto impossibile: nel giro di un anno ho deciso di dare le dimissioni e dedicarmi totalmente allo studio.

Sì. Mi ricordo bene di quel periodo, con mia moglie ci chiedevamo: « E se il concorso non andasse bene? » A me sembrava rischioso lasciare un lavoro sicuro per uno incerto.

Si trattava di scegliere se passare la vita a fare quel che non ti entusiasmava o rischiare per fare quel che volevi. All'Assicuratrice Italiana mi tenevano in grande considerazione, avevano insistito particolarmente perché rimanessi, mi avevano già gratificato con una promozione... Se fossi rimasto avrei fatto carriera, ne sono sicuro. Ma il lavoro non mi entusiasmava, e mi ero laureato per fare il giudice. Contavo molto sulla mia determinazione, sulla passione per lo studio, sul fatto che comunque al concorso, lungo e difficile, si poteva partecipare per tre volte. Se fosse andato male avrei fatto dell'altro, ma ero convinto che l'avrei superato.

Essere magistrato allora era prestigioso. Hai detto che il potere non t'interessava, ma con il prestigio come la mettevi?

Le mie figure di riferimento erano magistrati come Gerardo D'Ambrosio ed Emilio Alessandrini, che verrà ucciso dai terroristi di Prima linea nel gennaio 1979; allora stavano indagando sulla strage di piazza Fontana, erano persone lontane anni luce dal modello del magistrato « prestigioso ». E poi è sempre opportuno intendersi sul significato delle parole: se con prestigio intendi qualche cosa di simile al privilegio, vale quel che ti ho detto finora; se intendi riconoscimento dell'utilità del lavoro che si fa, allora il « prestigio » non mi starebbe del tutto male.

I magistrati di allora erano prevalentemente maschi e meridionali. Oltretutto Milano era considerata una sede disagiata. È per questo motivo che tu sei riuscito ad avere subito l'incarico a Milano?

Credo che quando sono entrato io a Palazzo di giustizia, nel 1974, i magistrati lombardi fossero una ventina su circa cinquecento.

Milano era considerata sede disagiata perché i colleghi meridionali preferivano restare al Sud e, anche se all'inizio approdavano qui, tendevano a fare domanda di trasferimento appena possibile. A Milano sono riuscito a venire per due motivi: perché i posti erano parecchi (trattandosi appunto di sede disagiata) e perché mi trovavo in una discreta posizione nella graduatoria del concorso. Però non sono riuscito a ottenere esattamente l'ufficio che volevo. Mi sarebbe piaciuto fare il pretore, perché durante il tirocinio era stato particolarmente interessante il periodo trascorso in pretura, ma non c'erano più posti (quelli liberi erano stati occupati quasi tutti da napoletani, più avanti di me in graduatoria) e ho scelto di diventare giudice di tribunale. Sarei stato in seguito molto contento di questa scelta.

Quando ti sei trovato per la prima volta in un'aula di tribunale la situazione reale era molto diversa da quella teorica studiata nei libri? Ti sei trovato disorientato al primo contatto con il lavoro, con l'operatività?

Nessun trauma di quel genere. Avevo cominciato a frequentare il tribunale già in precedenza e l'ambiente mi era familiare. Superati gli scritti del concorso, mentre preparavo gli orali ho conosciuto un avvocato e con lui ho iniziato a far pratica legale. La pratica mi ha permesso di conoscere magistrati, e uno di loro, dopo che avevo superato anche gli orali (i tempi del concorso sono biblici, circa tre anni dal bando alla immissione nell'ufficio) mi ha consigliato di seguire le udienze della sua sezione. Anche se ovviamente non potevo partecipare alle Camere di consiglio (il luogo in cui si prende la decisione), mi sono assuefatto alla vita del Palazzo di giustizia. Tanto più se consideri che mi ero iscritto all'elenco dei praticanti procuratori che potevano patrocinare davanti al pretore e avevo fatto anche qualche causa penale. Ovviamente cose da praticanti... Mi viene in mente una signora che non aveva esposto la tabella degli alcolici nel suo locale. Sono riuscito a farla assolvere, e lei non mi ha nemmeno pagato!

Poi son seguiti periodi ben più impegnativi...

Ci sono stati anni veramente difficili anche a livello personale. Dopo poco tempo è incominciato il terrorismo, che cercava di radicalizzare lo scontro sociale colpendo fisicamente, anche all'interno della magistratura, persone che lavoravano perché le istituzioni operassero dignitosamente. Il 29 gennaio 1979 è stato ucciso Emilio Alessandrini, come ti ho già accennato. Lo conoscevo bene, e il suo omicidio è stato sconvolgente non solo per me, ma per l'intero Palazzo di giustizia. Poco più di un anno dopo, il 19 marzo 1980, la stessa sorte è toccata a Guido Galli, come me giudice istruttore. Ho appreso dell'attentato durante un'assemblea all'Ufficio istruzione, alla quale avrebbe dovuto partecipare anche lui. Avevamo elaborato insieme una proposta sulla co-assegnazione dei processi, cosa allora non praticata. La mattina ero andato nella sua stanza per ricordargli l'assemblea; m'aveva detto che sarebbe arrivato in ritardo perché doveva tenere una lezione all'università. Al suo posto è arrivata la notizia della sua morte.

Che rapporto avevi con lui?

Un ottimo rapporto. Lo avevo conosciuto come docente in un corso di preparazione al concorso per l'ingresso in magistratura; avevo fatto tirocinio nella sua sezione; eravamo poi diventati entrambi giudici istruttori, e per me continuava a essere un maestro. Guido partecipava molto anche alla vita associativa, era stato membro della giunta dell'Associazione magistrati milanese, e c'era occasione di incontrarsi anche alle assemblee dei magistrati. Il suo assassinio ha gettato tutto l'ufficio nel panico, pensavo di essere anch'io nel mirino dei terroristi (nel giro di quattro giorni erano stati uccisi tre magistrati in Italia; il volantino di rivendicazione si riferiva esplicitamente all'impegno di Guido nella riorganizzazione dell'ufficio, impegno che io e altri condividevamo con lui). Tanti hanno lasciato definitivamente l'ufficio, io ho dormito fuori casa per qualche notte (quando giravo in moto e mi si affiancava qualcuno pensavo che mi volesse sparare...) ma per fortuna sono tornato presto a una vita normale.

Ricordo che una volta, in ascensore, ho visto che avevi una pistola... Mi ha fatto impressione l'idea che tu dovessi girare armato...

In quel periodo nessuno di noi aveva una scorta. Perché potessero difendersi da eventuali aggressioni, il ministero di Grazia e Giustizia aveva dotato i magistrati di un gilet antiproiettile, di una borsa con incorporata una lastra di metallo che poteva essere usata come scudo, di un impermeabile « blindato ». Erano strumenti sicuramente inadeguati, e dopo l'assassinio di Guido Galli pensai che era opportuno acquistare una pistola. Mi recai in armeria più volte, e ogni volta tornavo a casa senza, perché le armi non mi sono mai piaciute e mi faceva ribrezzo l'idea di poterne usare una contro un essere umano. Alla fine mi costrinsi ad acquistarla, e per un periodo la portai con me, più come sostegno psicologico che altro. Dopo un po' la chiusi nell'armadio blindato che avevo in ufficio, ed è rimasta praticamente sempre lì fin quando, dimessomi dalla magistratura, l'ho fatta distruggere.

QUANDO LA CORRUZIONE «NON POTEVA» EMERGERE: GLI ANNI OTTANTA

I fatti hanno dimostrato che la corruzione era già in essere negli anni Ottanta. All'inizio del decennio, indagando sul delitto Ambrosoli, tu e Giuliano Turone avete scoperto gli elenchi della loggia massonica P2 (Propaganda due). Il successivo ritrovamento dei fondi neri dell'Iri (1984) ha confermato l'esistenza di un pericoloso intreccio tra politica e affari. Visto che entrambe queste scoperte sono state di fatto affossate, se ne può dedurre che non era ancora tempo che gli scandali emergessero?

Potrei risponderti citando l'Ecclesiaste 3,1: « Per ogni cosa c'è il suo momento, il suo tempo per ogni faccenda sotto il cielo ». Credo però che sia opportuno svolgere un'ulteriore riflessione. L'Ecclesiaste continua con un'elencazione, al primo punto della quale si afferma: « C'è un tempo per nascere e un tempo per morire ». Ebbene, perché arrivi il tempo per nascere è necessario che prima ci sia stato il tempo del concepimento; perché arrivi il tempo per morire è necessario che scorra la vita. Credo anch'io che allora non fosse ancora tempo che gli scandali emergessero. Credo però che se non fossero stati scoperti la P2 e i fondi neri dell'Iri (meglio, di due società del gruppo Iri), e prima ancora le tangenti del cosiddetto « scandalo dei petroli », non sarebbe mai giunto il tempo perché emergesse Tangentopoli.

Puoi ricostruire brevemente i fatti di quegli anni?

Il 17 di marzo del 1981, a Castiglion Fibocchi, abbiamo scoperto le carte della P2. C'erano l'organigramma di questa loggia massonica deviata, l'elenco degli iscritti nel quale figuravano ministri, parlamentari, membri dei servizi di sicurezza, alcuni dei quali noti per aver depistato le indagini sulle stragi, dirigenti degli stessi servizi, alti ufficiali dei carabinieri, il comandante della guardia di finanza, uno degli artefici del colpo di Stato argentino della metà degli anni Settanta, giornalisti, magistrati, imprenditori e via dicendo, e altri documenti. Trovammo anche una serie di buste sigillate, molte delle quali contenevano notizie di reato. Si trattava di informazioni riguardanti persone di altissimo livello nel campo della politica, dell'economia, dell'imprenditoria.

Anche Silvio Berlusconi risultava iscritto alla loggia P2. L'avete mai indagato per questo motivo?

Per avviare un'indagine su una persona è necessario che ci sia nei suoi confronti una notizia di reato, che sia stato denunciato o che esistano comunque elementi per ritenere che possa avere commesso un reato. La legge allora in vigore prevedeva qualche conseguenza per i dipendenti pubblici iscritti ad associazioni segrete, ma per i privati la semplice iscrizione non era illecita. Silvio Berlusconi non era un dipendente pubblico e iscrivendosi alla P2 non aveva commesso illeciti.

Quale fu, nel caso della P2, il ruolo tuo e del tuo collega Giuliano Turone?

Giuliano Turone ed io eravamo giudici istruttori, figura che oggi non esiste più; i giudici istruttori all'epoca avevano il compito di investigare, ma non di esercitare l'azione penale (in parole povere, incriminare le persone), compito che spettava al pubblico ministero. Quando ci si imbatteva in una notizia di reato, la si doveva inoltrare alla procura della Repubblica perché il pm adottasse le sue determinazioni. Noi ci eravamo quindi limitati a produrre alcuni fascicoli che riguardavano i presunti reati rinvenuti nelle carte e a trasmetterli alla procura. Le indagini su questi fatti vennero affidate a Guido Viola. Ricordo che alcuni documenti riguardavano due alti esponenti del Partito socialista italiano ed avevano a che fare con versamenti su un conto corrente svizzero, il conto Protezione.[1] Lo ricordo anche perché la vicenda tornò d'attualità nelle indagini di Mani pulite. Viola chiese una rogatoria internazionale a Lugano per avere la documentazione del conto e verificare se la notizia contenuta nelle carte della P2 fosse esatta. All'epoca infatti detenere soldi all'estero era reato.

Io e Giuliano Turone, scoperte le carte relative alla P2, avevamo due preoccupazioni: quella di mantenere la documentazione nella condizione originaria e quella di evitare inquinamenti dall'esterno. Provvedemmo quindi, lavorando anche di notte, a fotocopiare tutto con l'aiuto del solo cancelliere, poi identificammo in un verbale le due, trecento cartelle che ci sembravano di maggior rilievo, descrivendone con cura tutti i particolari. A quel punto, ritenemmo che fosse opportuno emettere un comunicato in cui si affermasse che nessuna notizia sulla scoperta delle carte e sul loro contenuto doveva ritenersi fondata se non proveniente dagli uffici giudiziari. Pensammo fosse il caso che ad emettere tale comunicato fosse la procura e non l'Ufficio istruzione, e decidemmo così di rivolgerci al procuratore della Repubblica allora in sede. Quest'ultimo, ponendoci ostacoli di natura formale, ci chiese prima di restituire le buste sigillate, poi di aprirle alla presenza dei difensori, con tutte le conseguenze che ciò avrebbe potuto determinare per la sicurezza dell'indagine. Lo salutammo cordialmente e, avendone il potere, decidemmo di procedere autonomamente. Capimmo subito, però, che di difficoltà in quella indagine ne avremmo trovate molte.

Che sviluppi ebbe la vicenda?

Prima che la Svizzera rispondesse alla rogatoria, la procura della Repubblica di Roma sollevò un conflitto di competenza con quella milanese, sostenendo che le indagini dovevano essere spostate a Roma. La corte di cassazione, il 2 settembre 1981, stabilì che la competenza era della capitale. Una grande solerzia da parte della Cassazione, se tieni conto che all'inizio di settembre gli uffici giudiziari e gli studi degli avvocati lavorano a ritmo molto ridotto e vengono trattate soltanto le questioni molto urgenti. Giuliano ed io inviammo le carte a Roma e, nel giro di poco tempo, i difensori produssero una dichiarazione della banca ove era stato aperto il conto che attestava che questo non era di titolarità di alcuna delle persone coinvolte nell'indagine. Sulla base di questa informazione la procura di Roma chiese l'archiviazione e il giudice archiviò. Era vero, avremmo scoperto nelle indagini di Mani pulite che il conto non era di queste persone, ma i fondi che vi transitarono erano diretti al vertice.

Nel tuo carteggio del 1999 con Corrado Stajano, pubblicato in Ameni inganni, *sostieni che la mancata emersione del malaffare in quell'epoca fosse da addebitarsi alla situazione internazionale, che vedeva contrapposti due blocchi, quello occidentale e quello sovietico. In effetti, ciò potrebbe avere fino a quel momento impedito l'alternanza al governo del Paese, basato sull'asse Dc-Psi. Il Pci era considerato il « cavallo di Troia » del nemico e, come tale, non poteva rappresentare un'alternativa credibile. In Italia, però, già negli anni Settanta il Pci si era avvicinato all'area governativa e negli anni Ottanta, con Berlinguer, aveva sempre più enfatizzato il distacco dal blocco dell'Est. Si potrebbe quindi avanzare il dubbio che la mancata emersione degli scandali fosse dovuta in realtà al coinvolgimento del partito di opposizione in operazioni poco trasparenti...*

Io credo che esistesse un generale blocco di potere molto coeso su alcuni temi. È vero, il Pci si era avvicinato all'area governativa e si era allontanato dall'Est. Tuttavia non vi era stata alcuna alternanza, bensì un consociativismo che aveva anzi favorito la creazione di blocchi di potere omogeneo. Voglio dire che queste forme sotterranee di accordo, anziché favorire l'emersione dell'illecito, avevano contribuito a mantenerlo nascosto.

Forse perché ero un'« anima candida », negli anni Settanta non avevo avuto la sensazione che si facesse carriera politica attraverso pratiche di corruzione. Probabilmente solo a metà del decennio successivo c'è stata una istituzionalizzazione della tangente, la cosiddetta « dazione ambientale ». Nella tua attività degli anni Ottanta avevi la sensazione che la corruzione fosse molto diffusa?

In quel decennio c'è stata una crescita notevole di ciò che però preesisteva, perché già a partire dagli anni Settanta sicuramente i partiti di governo hanno ricevuto cospicui finanziamenti, ad esempio dal mondo petrolifero.

All'inizio della mia attività di giudice istruttore mi succedeva di investigare su reati diversi dalla corruzione o dal finanziamento illecito dei partiti e via dicendo. Potevo supporre l'esistenza di illegalità da quel che leggevo sui giornali a proposito di inchieste condotte da colleghi, ma quando abbiamo trovato le carte della P2 ho avuto subito la certezza che ci trovavamo di fronte alla punta di un iceberg. Esaminando gli elenchi della loggia ci si imbatteva, come ho già detto, nei nomi di ministri, parlamentari, giornalisti, appartenenti ai servizi di sicurezza, militari, quasi tutte persone che, oltre ad aver giurato fedeltà alla Repubblica, avevano anche giurato fedeltà a quella associazione segreta. C'erano deputati che appartenevano a partiti assai diversi, che sostenevano politiche diverse e nello stesso tempo erano accomunati dal giuramento alla P2. Se poi si teneva conto del contenuto delle buste sigillate e dei reati che adombravano, il quadro che ne usciva era veramente preoccupante.

Come hai reagito di fronte al muro di gomma eretto a protezione della P2, e, in seguito, allo spostamento a Roma dell'inchiesta sui fondi neri dell'Iri?[2] *Hai capito subito che voleva essere un modo per insabbiare il tutto?*

Lo spostamento delle indagini riguardanti la P2 ha suscitato un vivace dibattito sulla stampa e altrettanto si è verificato, anche se in tono minore, per le indagini sui cosiddetti fondi neri dell'Iri: trecentosessanta miliardi di lire dell'inizio degli anni Ottanta, distratti per decenni dalle casse di due società del gruppo e poi destinati agli usi più disparati, compreso il finanziamento di esponenti politici, giornali di partito e così via. Sulla stampa la procura di Roma veniva spesso paragonata a un « porto delle nebbie », dove le indagini che riguardavano persone di potere tendevano generalmente ad arenarsi. Era però la mia esperienza personale, non quello che scrivevano i giornali, a farmi temere che lo spostamento avrebbe comportato una certa evaporazione delle indagini, senza dover pensare alla mala fede. I miei timori sono stati confermati dalle richieste di archiviazione da parte della procura di Roma proprio delle notizie di reato di maggiore rilevanza quali, per esempio, quelle riguardanti il conto Protezione, e dal fatto che la richiesta della procura fu accolta dal giudice istruttore.

All'interno del tuo ambiente si discuteva di quella situazione? Come hai fatto a nutrire ancora fiducia nell'istituzione?

Di queste cose si parlava all'interno della magistratura, senza dubbio, anche se non erano l'unico argomento del quale si dibatteva. Facevano parte del tema più ampio della cultura dell'indipendenza, della realizzazione della Costituzione, della funzione della magistratura.

Per quel che riguarda le mie sensazioni, la vicenda P2 ha rappresentato il primo caso in cui personalmente potevo constatare, nell'ambito delle mie indagini, quanto fosse difficile riuscire a guardare nei cassetti del potere. Lo pensavo già da prima che fosse difficile, ma credevo che le scoperte che via via si facevano avrebbero, con il tempo, portato ad un cambiamento radicale della situazione, avrebbero portato cioè all'effettivo rispetto della Costituzione, cui tutti siamo tenuti.

Devo dire che quando ho letto sui giornali che la vicenda dei fondi neri Iri era finita in poco più di nulla, ho avuto la tentazione di dimettermi dalla magistratura, e forse l'avrei fatto se non mi avesse spaventato l'esigenza di trovarmi un nuovo lavoro; le indagini a Milano, prima che le carte fossero trasferite a Roma, erano andate piuttosto avanti, avevo recuperato materialmente ben oltre cento miliardi di quei fondi e quella conclusione mi aveva indotto a chiedermi se fosse opportuno continuare a fare il magistrato. In effetti, una prima esperienza negativa, quella della P2, ci poteva anche stare. Quando, però, la situazione si ripeté, più o meno nei medesimi termini, con i fondi neri Iri, mi venne da pensare che (ancora una volta, senza che si dovesse pensare necessariamente alla mala fede) fosse impossibile applicare la legge allo stesso modo nei confronti di tutti, e fosse dunque irrealizzabile il principio d'uguaglianza posto alla base del sistema costituzionale ed espresso nell'articolo 3 della Costituzione. Ciò nonostante, dopo il primo scoramento ho recuperato la fiducia e ho continuato nel mio lavoro.

In quell'occasione hai avuto forme esplicite di solidarietà da parte dei colleghi e dell'opinione pubblica?

Non ricordo manifestazioni vaste e plateali di solidarietà, né per quel che riguarda la P2 né, tantomeno, per quel che riguarda i fondi neri Iri. Mi sembra anzi che l'opinione pubblica fosse particolarmente distratta e indifferente allo spostamento e alle conclusioni di questa seconda indagine. In ogni caso il consenso, o il dissenso, non avevano rilievo per me. Non lavoravo per quello.

IL COINVOLGIMENTO IN MANI PULITE

Quando, nel 1992, l'arresto del « mariuolo » Mario Chiesa fa esplodere lo scandalo di Mani pulite, tu non sei più un ragazzino. Hai già quarantacinque anni e importanti inchieste alle spalle. Hai subito la percezione che possa trattarsi di qualcosa di importante? Qualcosa di talmente grande da determinare la fine di un periodo (la cosiddetta prima Repubblica) durato quarantacinque anni?

Che esistesse una corruzione diffusa si sapeva. Almeno da parte mia, che, come detto, avevo svolto le indagini sulla P2 e sui fondi neri dell'Iri negli anni Ottanta, c'era la consapevolezza dell'esistenza di qualcosa che « stava sotto » e faceva molta fatica ad emergere. Ero stato tra i soci fondatori di Società civile, nata a Milano a metà degli anni Ottanta per iniziativa di Nando Dalla Chiesa, che si occupava molto del tema della correttezza dei rapporti tra imprenditoria e Pubblica amministrazione. Era un argomento considerato di grande rilevanza in quel periodo, proprio perché era opinione comune che non sempre la correttezza imperasse. Ebbene, nonostante questi trascorsi mai e poi mai mi sarei immaginato che la corruzione in Italia fosse un fenomeno così diffuso, capillare e sistematico come quello emerso nel giro di pochi mesi dall'inizio di Mani pulite.

Ricordi il momento preciso in cui ti venne chiesto di affiancare Antonio Di Pietro nell'indagine? Chi te lo chiese, e quale fu la tua prima reazione?

Gerardo D'Ambrosio, il responsabile del dipartimento della procura incaricato di indagare i reati contro la Pubblica amministrazione. Lo conoscevo bene fin dal 1978 perché allora eravamo colleghi all'Ufficio istruzione. Ha sedici anni più di me, quando sono arrivato in quell'ufficio aveva molta più esperienza: aveva condotto le indagini sulla bomba di piazza Fontana ed era considerato il « saggio » dell'ufficio, l'investigatore più esperto. La sera, verso le sette, prima di tornare a casa era frequente bussare alla sua porta, entrare, sedersi e chiedere consigli sulle indagini che si stavano facendo, o più spesso farsi raccontare episodi di quelle già svolte da lui. Mani pulite è iniziata il 17 febbraio. Dopo qualche giorno Gerardo ha iniziato ad affacciarsi nel mio ufficio e a dirmi che l'indagine stava crescendo, che sarebbe diventata ingovernabile per una sola persona (fino ad allora la conduceva Antonio Di Pietro), ed a chiedermi la disponibilità ad entrarvi anch'io.

E tu come hai reagito?

Da principio non avevo nessuna intenzione di acconsentire, anche perché pensavo che quello fosse per me il momento della riflessione più che dell'azione: avevo investigato per anni, non avevo voglia di essere assorbito ancora da indagini complesse che non lasciavano spazio per lo studio. D'Ambrosio però insisteva... L'indagine effettivamente continuava a crescere... i temi che coinvolgeva diventavano sempre più interessanti. Anche il procuratore, Francesco Saverio

Borrelli, cominciò a insistere. Alla fine accettai l'incarico e subito, lette le prime carte, mi trovai coinvolto nell'interrogatorio di Mario Chiesa, tenuto in una specie di prefabbricato collocato in uno dei cortili del Palazzo di giustizia. Inizialmente l'indagine sembrava limitata ad un singolo caso di concussione, ed io ho iniziato a farne parte più di due mesi dopo, mi pare il 27 aprile, quando sembrava chiaro che dal caso isolato si sarebbe arrivati a scoprire una serie consistente di reati. Io sono veramente molto curioso, e la curiosità, la voglia di ricostruire i fatti che si erano verificati è stata la molla principale (oltre ovviamente allo spirito di servizio) che mi ha fatto dire di sì.

Il 23 maggio del 1992 la minaccia terroristica di stampo mafioso si manifestò in tutta la sua virulenza con l'attentato di Capaci al giudice Giovanni Falcone, cui farà seguito, a luglio dello stesso anno, l'uccisione del giudice Paolo Borsellino. All'epoca voi avevate già messo le mani sul malaffare. Avevate percepito il tentativo di destabilizzazione come una minaccia nei confronti della vostra indagine?

Ho appreso dell'attentato di Capaci uscendo dal carcere milanese di San Vittore, verso sera, dopo una giornata di interrogatori. Conoscevo Giovanni da tempo, e la notizia mi ha annichilito. A cena ero da vecchi amici, c'era anche Giuliano Turone. Nessuno toccò cibo, nessuno riusciva a parlare, eravamo come in trance. Il giorno dei funerali tutti noi di Mani pulite (a cominciare dal procuratore) andammo a Palermo. La gente era imbestialita nei confronti dei rappresentanti politici presenti, che dovettero uscire dalla chiesa per una porta secondaria, e acclamava Di Pietro: i primi erano divenuti il simbolo del malaffare, il secondo della giustizia. L'attentato a Giovanni, l'assassinio suo, della moglie, dei ragazzi della scorta era stato un vero e proprio atto di guerra. La mafia avrebbe potuto colpire facilmente Falcone a Roma nei suoi spostamenti, in un ristorante, mentre camminava circondato dalle guardie del corpo. Invece ha voluto l'atto clamoroso, l'autostrada che salta per aria, imbottita di tritolo. Altrettanto eclatante, evidente, sensazionale è stato l'attentato a Paolo Borsellino e alla sua scorta. Mi chiedo ancora adesso: perché la mafia ha voluto ricorrere ad atti di guerra per uccidere Giovanni e Paolo? Non ho pensato che quei terribili eventi potessero costituire una minaccia alle nostre indagini, ma ho creduto che dovesse esserci qualche relazione tra la caotica situazione istituzionale del Paese e quegli atti altrimenti, ai miei occhi, inspiegabili. Altri attentati sono stati poi compiuti a breve distanza di tempo l'uno dall'altro a Roma, Firenze e Milano nel 1993. Questi avevano evidentemente lo scopo di incidere su un equilibrio diventato precario.

La tua sollecitazione del luglio 1992 per un'ipotesi di «condono» fu in qualche modo influenzata da questi eventi di matrice terroristica?

Non era proprio un condono. Riprendendo l'idea di Roberto Mongini, che fu coinvolto nelle nostre indagini e patteggiò, in effetti nel luglio 1992, in un'intervista all'*Espresso* [il testo è in appendice al presente volume, nella sezione *Documenti, N.d.R.*], avanzai l'idea di evitare il carcere a coloro che, davanti all'autorità giudiziaria, avessero ammesso le proprie responsabilità, ricostruito lo svolgimento dei fatti e restituito ciò di cui si erano appropriati, e si fossero allontanati per un periodo prestabilito dalla vita pubblica.

Nel giro di pochi mesi il sistema della corruzione era emerso nella sua vastità e ramificazione, e mi ero convinto che fosse impossibile affrontarlo giudiziariamente. Le indagini si sarebbero moltiplicate quasi senza fine e i processi sarebbero durati un'eternità, finendo molto spesso nella prescrizione (come poi in effetti è successo); l'attenzione dell'opinione pubblica d'altra parte sarebbe naturalmente calata via via che il tempo fosse passato e gli ambienti che non sopportavano le nostre indagini avrebbero potuto prendere iniziative per far sì che non producessero effetti, come era capitato negli anni Ottanta. Soprattutto, mi rendevo conto che la questione stava per travalicare il livello giudiziario (assoluzioni e condanne; libertà e carcere; sequestri, confische e restituzioni), il che implicava che le soluzioni dovessero essere trovate in altra sede. Il mio suggerimento però cadde subito nel vuoto, qualche piccola televisione locale cercò di dare rilievo all'argomento, se ne parlò un po' sulla stampa ma non ebbe risposte positive da parte degli ambienti politici e finì subito nel dimenticatoio. Verrebbe da pensare che finì così perché era uno strumento per far emergere la corruzione, non per nasconderla. E tuttavia si sottovalutò il significato che aveva, quello di indicazione di una via diversa da quella giudiziaria per affrontare il problema della corruzione, meno invasiva e meno drammatica, una via che, se attuata, avrebbe probabilmente evitato le tragedie alle quali si andò incontro nel giro di poco tempo, i suicidi di alcune delle persone coinvolte.

La tua proposta divenne oggetto di strumentalizzazione quando, nel marzo del 1993, il ministro di Grazia e Giustizia Conso presentò un decreto per una soluzione politica di Tan-

gentopoli che, tra le altre cose, prevedeva la depenalizzazione del reato di finanziamento illecito ai partiti, reato tra i più contestati da voi del pool. Inoltre, veniva sostanzialmente reintrodotto il segreto istruttorio che era stato soppresso con il nuovo codice di procedura penale. Il decreto venne infatti presentato come attuazione concreta di alcune vostre proposte in materia di giustizia fatte nell'estate dell'anno precedente.[3]

Ricordo che il procuratore Saverio Borrelli emise un comunicato per informare che il decreto del governo non aveva nulla a che fare con le nostre proposte. Secondo me il decreto seguiva esattamente la strada opposta a quella che avevo indicato io. Io credevo che fosse assolutamente necessario far emergere tutto l'illecito commesso perché si potessero stabilire rapporti corretti tra la Pubblica amministrazione e le imprese, e il mio suggerimento tendeva a quello. L'iniziativa del ministro, attraverso la depenalizzazione, avrebbe avuto invece la conseguenza di coprire il finanziamento illecito ai partiti con un impenetrabile velo di polvere, rendendo al tempo stesso assai difficile la prosecuzione delle indagini sulla corruzione.

LA VITA PRIVATA E I RAPPORTI CON I COLLEGHI

Immagino che l'esposizione alla vita pubblica di un magistrato impegnato in Mani pulite abbia avuto notevoli implicazioni anche nella vita privata. Com'è stato nel tuo caso?

Venivo da un periodo molto duro soprattutto a causa del terrorismo. Ho perso colleghi, morti in seguito agli attentati. Sono stati anni di « sconvolgimento » generale anche a livello personale e tutto ciò non poteva non avere forti ripercussioni anche nella vita privata e affettiva.

Come si svolgeva in genere la tua giornata ai tempi di Mani pulite, com'era il rapporto con le persone con le quali vivevi?

Nel primo periodo, da aprile ad agosto del '92, trascorrevo le mie giornate investigando e facendo indagini, e di tempo libero ne avevo ben poco. A partire da settembre-ottobre la vita si è normalizzata ed è tornata a scorrere più o meno come prima. Vivevo con mio figlio Simone che, all'epoca, aveva diciannove anni e aveva superato, a luglio, l'esame di maturità. Abitavo vicino al Palazzo di giustizia, avevo la scorta e mi capitava di tornare a casa per pranzo, per soli venti minuti, per stare con lui. Successivamente, ho iniziato a vivere con Alessandra, la mia attuale consorte, che avevo conosciuto nel novembre dell'anno precedente, il 1991.

Lei, superato il concorso in magistratura, era stata uditrice nel mio ufficio: è stato così che ci siamo conosciuti.

In quegli anni com'era il rapporto con tuo figlio? C'era qualcosa che, in particolar modo, vi piaceva fare insieme?

Cercavo di essere presente nei limiti del possibile. Facevamo parte delle vacanze insieme. Giocavo spesso a calcio con lui perché a entrambi piaceva molto. A proposito di calcio, mi ritorna in mente una partita giocata negli anni Novanta a San Siro, tra la nazionale magistrati e la nazionale cantanti capitanata da Gianni Morandi, davanti a oltre settantamila spettatori. È stato emozionante, anche se, date le mie non eccelse qualità (giocavo molto, ma non ero un campione), l'allenatore mi ha lasciato in campo soltanto un quarto d'ora. Abbiamo vinto noi, è stata una grande soddisfazione.

In quei mesi iniziali dell'indagine, di grande tensione, c'era qualcuno con cui condividere le tue preoccupazioni?

Fino alla fine dell'estate ho trascorso il poco tempo libero dedicandomi a mio figlio, cercando tuttavia di coinvolgerlo il meno possibile in Mani pulite, sia perché ero rispettoso del mio lavoro e del segreto professionale sia per evitare a lui uno stress eccessivo. Tenevo quindi separate le due sfere, la vita privata e quella lavorativa. Poteva anche capitare che andando a prendere un caffè con un amico esprimessi qualche opinione personale sulla situazione generale che emergeva dai media, ma accadeva molto raramente. Con Alessandra invece, che ho sposato nel 1997, ho condiviso molti momenti di inquietudine ed è lei che ha rappresentato, fin dall'inizio, un importante punto di riferimento.

Venendo ai tuoi colleghi: ti ricordi il giorno in cui hai conosciuto Antonio Di Pietro?

L'ho conosciuto perché lavoravamo nello stesso palazzo (all'inizio lui era sostituto procuratore ed io giudice istruttore) e poi più da vicino, quando venni sorteggiato come membro del tribunale dei ministri e lui era pubblico ministero nelle prime indagini milanesi di quel tribunale. Successivamente partecipai ad un corso di informatica (era su un database, il DB3, roba da preistoria computeristica) organizzato da lui.

All'interno del pool vi eravate divisi i compiti: Di Pietro conduceva indagini e interrogatori, tu esaminavi i documenti e Davigo preparava le richieste di autorizzazione a procedere nei confronti dei parlamentari. Questo metodo di lavoro ha sempre retto bene o ha manifestato qualche punto debole?

Si trattava soprattutto di un indirizzo, perché c'erano parti di indagine che ciascuno di noi gestiva individualmente, seppur attraverso un coordinamento continuo. Questo consentiva di utilizzare al meglio le nostre specifiche conoscenze di settore.

Di Pietro è stato criticato per i suoi comportamenti accentratori o perché in alcune decisioni si lasciava influenzare dall'opinione pubblica. Era davvero troppo focoso e istintivo?

Troppo istintivo? Non direi, lui sapeva fare bene il suo mestiere. Possedeva anche una buona dose di autocontrollo, anche se non mancava di carattere.

Ti infastidiva che Di Pietro fosse considerato il « simbolo » di Mani pulite?

Qualsiasi forma di competizione o di gelosia tra di noi sarebbe stata molto negativa, quindi facevo il possibile perché cose del genere non si verificassero. Ti racconto un episodio a questo proposito. Nel 1992 il *Corriere della Sera* pubblicò un'ampia intervista rilasciata da Di Pietro a Enzo Biagi, corredata di foto della sua giovinezza, e mi pare anche della sua infanzia. Il giorno stesso fui contattato dalla *Repubblica* per un'intervista con Giorgio Bocca e, proprio per evitare possibili malintesi o situazioni apparentemente competitive, rifiutai.

Di Pietro era rappresentato anche come un « eroe contadino » dotato della tenacia e della furbizia che appartengono da sempre a quel mondo. Ricordi qualche episodio che lo confermi?

Nel corso delle indagini avviate nei confronti di due dirigenti di una società di impiantistica Antonio ed io ci trovammo ad avere idee diverse: da parte mia propendevo per una continuazione della custodia cautelare, mentre lui era contrario e decise, senza consultarmi, di chiedere la trasformazione della detenzione in arresti domiciliari. Il giorno successivo, durante una conferenza che stavamo tenendo presso il Csm sul tema delle indagini sulla corruzione, a un certo punto lui se ne uscì dicendo, lì, che non sempre era possibile comunicare tra di noi con la necessaria tempestività, e che coglieva l'occasione per dirmi che aveva chiesto al gip gli arresti domiciliari per i due dirigenti. Era stato furbo, aveva scelto il momento giusto per darmi la notizia senza che io potessi controbattere!

Si è molto discusso dei motivi che, alla fine del processo Enimont, hanno portato Di Pietro a lasciare Mani pulite [la lettera di dimissioni è in appendice al presente volume, nella sezione Documenti, N.d.R.*]. L'opinione più accreditata era che, logorato da un'eccessiva esposizione mediatica, temesse forme di ricatto. La mia impressione è invece che lui già aspirasse ad entrare in politica. Che ne pensi?*

Personalmente non credo che coltivasse un'ambizione politica. In effetti quando ebbi la notizia, circa una settimana prima del suo allontanamento da Mani pulite, provai un autentico stupore. Credo che lui ne avesse già accennato a Davigo, ma per il resto si comportava come se avesse intenzione di proseguire regolarmente. La sua idea poi, nel lasciare la magistratura, era forse quella di indirizzarsi verso la Pubblica amministrazione (capo della polizia? dirigente dei servizi di sicurezza?), dove aveva già avuto un ruolo in polizia... Dopo so che andò a insegnare all'Università di Castellanza e ciò soddisfaceva sicuramente la sua ambizione e il suo desiderio di visibilità. Passò poi circa un anno e mezzo prima che diventasse ministro. Non credo, quindi, che abbandonò le indagini per intraprendere la carriera politica.

In seguito hai affermato che nell'aprile del '95, durante una cena che doveva essere di «riconciliazione» tra il pool e Di

Pietro, lui « sgusciava come un'anguilla [...] e [...] solo dopo i processi di Brescia capimmo che non poteva dirci tutto ».[4] Perché queste reticenze anche nei vostri confronti?

Non so se la citazione sia esatta, ma in ogni caso il problema, in quella circostanza, non era costituito dalle sue dimissioni, ma nasceva da una telefonata che Silvio Berlusconi aveva fatto nel corso della trasmissione *Tempo reale* di Michele Santoro. Berlusconi aveva affermato che Di Pietro non aveva approvato l'emissione dell'invito a comparire indirizzatogli nel novembre 1994. Siccome la circostanza non era vera, perché anzi Antonio si era mostrato assolutamente determinato a compiere quell'atto, sia io che Borrelli lo sollecitammo a smentire subito la dichiarazione, cosa che lui non fece. Ricordo che lo chiamai proprio durante la trasmissione, invitandolo a intervenire con una telefonata come aveva fatto Berlusconi. Lui mi rispose che non poteva, perché era in viaggio, o qualche cosa del genere. Fu per la mancanza della smentita che organizzai la cena, cui parteciparono anche Borrelli, Davigo, Greco e D'Ambrosio: volevamo capire il perché del suo atteggiamento, ma non posso dire che ci riuscimmo.

Se Di Pietro appare irruente e, a volte, incontrollabile, Davigo sembra più tranquillizzante. Il « dottor sottile » del pool sembra però nascondere sotto la sua preparazione e moderazione istituzionale un grande rigore accompagnato da una forte determinazione.

Non credo proprio che Piercamillo nasconda (come dici tu) il suo grande rigore. Lo manifesta molto apertamente. La mia opinione è che Davigo abbia, al contrario di me, una visione piuttosto pessimistica dell'essere umano, e quindi una grande fiducia nella sanzione. Il suo rigore dipende, secondo me, da questa concezione.

Passiamo al rapporto con Ilda Boccassini, che è entrata più tardi nel pool ed è tuttora presente nelle maggiori inchieste della procura milanese. Due sue dichiarazioni possono sembrare a prima vista contrastanti, la prima in occasione della morte di Falcone, quando disse pubblicamente: « Voi avete fatto morire Giovanni Falcone. Con la vostra indifferenza. Con le vostre critiche. [...] Voi lo avete infangato. Voi diffidavate di lui. [...] Tu, Gherardo Colombo, che diffidavi di Giovanni, perché sei andato al suo funerale? Giovanni è morto con l'amarezza di sapere che i suoi colleghi lo consideravano un traditore ». La seconda è del febbraio del 1998: in un'intervista al Corriere della Sera *in occasione delle polemiche suscitate dalle tue critiche alla Bicamerale espresse tutta la sua solidarietà dichiarando di condividere le tue posizioni e sfidando il ministero di Grazia e Giustizia a prendere nei suoi confronti « analoghe misure disciplinari ». Con una persona così impulsiva il rapporto non deve essere stato facile.*

Avevamo un ottimo rapporto professionale e siamo amici da tempo. Il termine « impulsiva » che tu usi non è esatto. Io parlerei invece di una persona determinata, con una grande passione per il lavoro. Per quanto riguarda le parole di Ilda, pronunciate a Milano, in una assemblea di magistrati, il giorno dei funerali di Giovanni Falcone (ai quali, come ho detto, ho partecipato, e che si svolsero a Palermo), io credo che fossero dettate dal profondissimo dolore che l'omicidio le aveva causato. Ilda era molto amica di Giovanni. In Mani pulite ci succedeva di chiedere molto frequentemente assistenza giudiziaria a magistrati stranieri per ottenere informazioni, soprattutto su conti correnti esteri, e ritenevamo prudente ridurre al minimo, in questa attività, i contatti con il ministero di Grazia e Giustizia, presso il quale Falcone rivestiva un incarico importante.[5] Pensavamo che non fosse prudente che passassero attraverso il ministero eccessive informazioni riservate che costituivano il supporto delle richieste di assistenza giudiziaria. Giovanni doveva aver inteso questa nostra prudenza come un atteggiamento di sfiducia nei suoi confronti (cosa assolutamente non corrispondente al vero) e doveva averne parlato a Ilda Boccassini, che ha poi espresso la sua amarezza nell'occasione che hai ricordato. I nostri rapporti si sono presto ricuciti, ed abbiamo a lungo lavorato insieme.

Veniamo alla dirigenza. Hai sempre dimostrato stima nei confronti del procuratore capo Francesco Saverio Borrelli, ma gli hai anche mosso delle critiche: penso a un episodio del 1999, quando tu avevi rilasciato dichiarazioni marcatamente critiche nei confronti del potere politico che accusavi di aver «perso contatto con la realtà». Borrelli, attraverso il quotidiano la Repubblica, *ti aveva contraddetto sostenendo che il tuo pessimismo avrebbe ucciso la giustizia. Le circostanze giustificavano questo scontro?*

Io userei termini diversi da «critiche» e soprattutto da «accusavi». Sicuramente avevo opinioni diverse da quelle di Saverio e le ho manifestate. All'epoca Borrelli era diventato procuratore generale, da procuratore che era. Era passato, cioè, ad un altro ufficio, di grado più elevato. Io, in un'intervista, avevo espresso il mio pessimismo sullo stato della giustizia e sui possibili esiti delle indagini... Saverio aveva replicato che comportarsi in quel modo sarebbe stato come « gettare la toga alle ortiche ». Avevamo opinioni diverse, e ce lo siamo detto, mi pare, in modo civile.

Come tuo superiore, Borrelli faceva pesare il rapporto gerarchico esistente tra voi?

All'epoca l'ordinamento giudiziario, la legge che disciplina tra l'altro i rapporti nell'ambito degli uffici, garantiva una certa indipendenza dei sostituti del procuratore (noi) dal procuratore medesimo (Saverio Borrelli). Borrelli era molto autorevole, per la sua capacità, la sua esperienza e le sue grandi doti personali, ma non era affatto invasivo. Quando c'erano da prendere decisioni di grande portata ci si trovava nel suo ufficio, si discuteva tutti insieme, si arrivava a una conclusione comune. Saverio era molto attento nel tutelarci dalle polemiche esterne e ci garantiva la necessaria serenità nel nostro lavoro. È stato un grande « capo », se la parola è corretta per un ufficio giudiziario con le regole di allora.

Del viceprocuratore D'Ambrosio hai detto che rappresentava per voi un importante punto di riferimento, ma hai anche sostenuto che rilasciava troppe dichiarazioni e spesso avete dovuto pregarlo di moderarsi.

In effetti, a volte ci metteva un po' in imbarazzo con le sue dichiarazioni alla stampa. Tutte affermazioni legittime, s'intende, non coperte dal segreto investigativo. Ma qualche cautela in più a mio parere non avrebbe guastato.

Sul Corriere della Sera *del 27 agosto 1993 Goffredo Buccini attribuisce a D'Ambrosio (peraltro esponente di Magistratura democratica) l'affermazione che la formazione estiva del pool di Mani pulite vedeva lui « in porta, Colombo all'ala sinistra e la Parenti all'ala destra ». Insomma, se Di Pietro veniva considerato un uomo d'ordine e Davigo un moderato, eravate tu, Greco e D'Ambrosio le cosiddette « toghe rosse »?*

A parte che non so se D'Ambrosio fosse iscritto a Magistratura democratica (Md), anche qui bisogna misurare le parole per non cadere in equivoci. Md, nata nel 1964, è una componente dell'Associazione nazionale magistrati. Io mi sono iscritto a Md poco dopo essere entrato in magistratura, perché mi riconoscevo nell'attenzione che dedicava all'articolo 3 della Costituzione (in particolare verso il secondo comma, quello che stabilisce l'obbligo istituzionale a rimuovere gli ostacoli che, « limitando di fatto la libertà e l'eguaglianza dei cittadini, impediscono » la realizzazione della persona e la sua partecipazione alla vita sociale) e in tante delle persone che ne facevano parte (non tutte, perché nel passato di Md c'erano anche persone che non avevano rapporti entusiasmanti né con il proprio lavoro né con l'applicazione della legge). Ero orgoglioso di farne parte. Ora, in questo strano Paese, i magistrati che hanno a cuore la propria imparzialità, la piena realizzazione della Costituzione, l'uguaglianza di fronte alla legge vengono, per ciò solo, iscritti alla sinistra (il che dovrebbe sottintendere una certa relazione con i relativi partiti), o meglio ancora definiti comunisti, e tacciati di essere toghe rosse: definizione che a mio parere costituisce un'offesa pesante perché maliziosamente sottende un'accusa di parzialità. Tutti, nel pool, secondo la vulgata, erano toghe rosse. Tra i membri del pool Di Pietro non era nemmeno iscritto all'Associazione nazionale magistrati; Davigo faceva capo a Magistratura indipendente, considerata una componente assai conservatrice dell'Associazione; Greco era vicino a Md. Poi c'ero io, di cui ho già detto. È certo che ciascuno di noi aveva le sue idee sulla società. Queste idee però coincidevano e coincidono (almeno per me) con il contenuto della nostra legge fondamentale, che è fondata anche sulla rigorosa applicazione del principio di imparzialità del magistrato. Io interpreto l'imparzialità in modo assai rigoroso, e ciò comporta la coltivazione della piena indipendenza da qualsiasi forza politica.

Il pool fu accusato di non voler indagare, per motivi ideologici, su reati commessi da esponenti della sinistra. A un certo punto la Parenti (detta « Titti la rossa », ma solo per il colore dei capelli) fu incaricata di svolgere indagini sul mondo delle cooperative e di esponenti del Pci-Pds, ma ben presto lasciò il pool, sostenendo poi di essere stata boicottata da voi.

Come ti dicevo, succedeva che nel pool un magistrato svolgesse indagini in un particolare settore, fatta salva l'esigenza di un continuo coordinamento con il pool nel suo complesso. E così accadeva anche per la Parenti. Con lei si verificò una profonda incomprensione sui metodi di coordinamento quando inviò a Marcello Stefanini, allora tesoriere del Pds (la trasformazione del vecchio Partito comunista), un avviso di garanzia senza aver valutato l'iniziativa con gli altri componenti del pool e con il procuratore, come invece si faceva costantemente nelle situazioni più complesse o rilevanti.

Il giudice per le indagini preliminari Italo Ghitti, che come tale aveva un compito diverso da quello del pool, respinse ben novanta vostre richieste di custodia cautelare nel primo anno di Mani pulite... Eravate voi troppo radicali o lui troppo garantista?

Italo Ghitti è stato il primo giudice per le indagini preliminari ad occuparsi di Mani pulite. Aveva l'incarico istituzionale di prendere, su richiesta del pubblico ministero (cioè nostra), i provvedimenti tipici del giudice nell'ambito delle investigazioni: emettere o respingere provvedimenti cautelari, autorizzare o negare intercettazioni e così via. È ovvio che esista una dialettica processuale tra i vari uffici. Italo Ghitti ha respinto novanta richieste, ma ne ha accolte più o meno novecento. Per te sono tanti i rifiuti, per altri sono troppi gli accoglimenti. Secondo me, tenuto conto degli elementi che via via emergevano nei confronti delle persone sottoposte alle indagini, il dato (circa il 10% delle richieste respinte) è fisiologico. Vorrei però farti notare che a volte, di fronte al rifiuto di emettere il provvedimento cautelare della custodia in carcere da parte di Ghitti, la procura (e cioè noi) ha proposto ricorso fino alla corte di cassazione, che ne ha molto frequentemente accolto le ragioni.

D'altronde, vi sono state palesi tensioni con Ghitti, sia riguardo le inchieste sugli esponenti Pci-Pds Stefanini e Greganti, sia più avanti, nel 2002, quando Ghitti, intervistato al programma di RaiUno TV7, ha sostenuto che « il pool è andato troppo dietro il consenso popolare e ha finito per cedere all'esibizionismo », oppure quando, sul Corriere della Sera, *ha parlato di una « cavalcata delle valchirie al quarto piano » (quello del Palazzo di giustizia di Milano dove ha sede la procura della*

Repubblica) e, con riferimento alla fuga di notizie in merito alla richiesta di cattura di Marcello Dell'Utri da parte del pool, che l'ufficio gip non ha accolto,[6] *ha affermato: «Mi resi conto che non riponevo più fiducia nella correttezza di alcuni pm, perché in quella circostanza ebbi la certezza che determinate notizie uscivano dagli uffici dei pubblici ministeri».*

Io con il gip Italo Ghitti ho avuto sempre rapporti rigorosamente istituzionali. Quando ho letto le dichiarazioni che riporti, come quella della fuga di notizie dagli uffici della procura, mi sono molto irritato perché gettavano ombre pesanti su tutto l'ufficio indiscriminatamente. Ne ho parlato con Saverio Borrelli, ma abbiamo deciso di lasciar perdere per non alimentare la polemica.

I RAPPORTI CON GLI INDAGATI E CON IL MONDO IMPRENDITORIALE

Negli anni di Mani pulite hai avuto a che fare con centinaia di indagati. Hai constatato significative differenze tra le varie tipologie di persone: politici, industriali, funzionari dello Stato...?

Non si può generalizzare. Le persone sono diverse, e sono diverse anche nell'ambito della stessa, come dici tu, tipologia. C'è chi mostra grande dignità e chi no, c'è chi ha senso delle istituzioni, c'è chi è altezzoso, chi è arrogante; c'è chi manifesta chiari sensi di colpa, chi è consapevole della propria responsabilità, chi senza dirlo, ma facendolo benissimo vedere, rivendica il comportamento tenuto; c'è chi ammette subito, ed anzi si lascia andare a una specie di sfogo liberatorio raccontandoti anche episodi che nemmeno potresti supporre, chi si avvale della facoltà di non rispondere, chi racconta storie inverosimili, chi cerca giustificazioni improbabili.

Come avvenivano in genere le confessioni?

Posso dirti di quanto accadeva negli interrogatori che conducevo. Primo punto: con gli indagati ci si comporta correttamente, si dà del lei, non li si suggestiona, non si fa la voce grossa, non si usano coartazioni psicologiche. Le ammissioni venivano dunque o perché la persona sottoposta alle indagini già si era decisa per conto suo a farle, o per rispetto del principio di non contraddizione, per esigenza di rispettare la logica: di fronte alle evidenze tanti non potevano fare a meno di ammettere. In un certo momento, qualche mese dopo l'inizio delle indagini, c'erano materialmente, davanti alle nostre porte, file di persone che venivano a raccontarci quel che avevano fatto. Cose alle quali ancora non eravamo arrivati, che ignoravamo totalmente. Perché? Forse qualcuno intendeva liberarsi di un peso. Per qualcun altro era meglio farsi avanti piuttosto che essere scoperto dalla macchina della giustizia. La presentazione spontanea poteva far venir meno i motivi per l'applicazione della custodia cautelare, perché il fatto di presentarsi ed ammettere poteva eliderne i presupposti, consistenti nel pericolo di fuga, in quello di inquinamento della prova e in quello di reiterazione del reato.

Come provvedevano all'assistenza legale?

In genere si presentavano con l'avvocato di fiducia. Quando ne avevano uno, ma non era potuto venire, si rinviava l'interrogatorio. Se non lo avevano si nominava un difensore d'ufficio.

Gli indagati, specie se imprenditori, volevano apparire come concussi e non come corruttori. Vero?

È vero. Ma in realtà i casi accertati di quel tipo di reato sono stati rarissimi. La concussione si distingue dalla corruzione perché la prima è imposta o indotta dalla parte pubblica, mentre la seconda è come un contratto dal quale entrambe le parti ricevono vantaggi. Di solito era evidente si trattasse del secondo caso.

Voi di Mani pulite siete stati accusati di aver abusato della custodia cautelare, minacciando il carcere o facendovi diretto ricorso per ottenere le confessioni. Capisco che la cosa possa apparire impropria, ma forse senza la carcerazione preventiva Mani pulite non si sarebbe neppure potuta sviluppare...

La domanda richiede una risposta articolata. In primo luogo, il pubblico ministero non può emettere ordinanze di custodia ma deve chiedere il provvedimento al giudice. Deve illustrare i motivi per cui le chiede (tra l'altro, esistenza di gravi indizi, necessità di evitare il rischio di inquinamento probatorio, di fuga, di reiterazione del reato). Il giudice può accogliere la richiesta, ma può rigettarla se ritiene che i presupposti manchino. Se dispone l'arresto e il destinatario del provvedimento ritiene che sia ingiustificato, può ricorrere al tribunale del riesame e alla Cassazione. Il pubblico ministero è colui che propone, non colui che decide, e lo fa sulla base di regole. Noi ci trovavamo di fronte a fatti particolarmente gravi, tangenti per somme spesso elevate in cambio di notevoli infedeltà da parte dei funzionari pubblici. I rischi di inquinamento, o di fuga, o di reiterazione erano sovente notevoli (generalmente le persone coinvolte avevano commesso non uno ma una serie di fatti illeciti). In tutto ciò non è che i numeri degli arresti per Mani pulite fossero elevati rispetto agli arresti per altri reati. A Milano vengono arrestate in flagranza di reati non sempre eccezionalmente gravi (lo spaccio di minime quantità di stupefacenti, il furto di un'auto) circa venti persone al giorno (per avere un'idea, in Lombardia, nel 2009, sono entrate in carcere circa quindicimila persone: gran parte di queste sono state arrestate a Milano). Credo che complessivamente, per Mani pulite, siano state arrestate, nel giro di almeno tre anni, circa mille persone. Si trattava di una percentuale non elevata rispetto al numero generale degli arresti. Mediamente uno al giorno, rispetto ai venti circa in totale. Nonostante, dicevo, la frequente notevole gravità dei fatti. Nelle indagini sono state coinvolte più di cinquemila persone: abbiamo complessivamente chiesto il rinvio a giudizio per oltre tremiladuecento persone; per altre milleduecento circa gli atti sono stati trasmessi ad altre procure; per altri ancora si è chiesta l'archiviazione o il proscioglimento. Questo per dire che non di tutti è stato chiesto l'arresto. Io credo che nessuno avrebbe avuto da ridire se i casi emersi nel medesimo contesto temporale fossero invece stati scoperti nel giro di anni. Nessuno si sarebbe lamentato se fosse stato arrestato, poniamo, il dirigente di una grande municipalizzata che avesse, in un contesto isolato, ricevuto decine o centinaia di milioni di lire per assegnare un contratto a chi lo aveva pagato, invece che all'impresa meritevole di vincerlo. Quindi è stata la concentrazione delle indagini dovuta alla inimmaginabile diffusione dei fatti illeciti a provocare la sensazione di un eccessivo ricorso alla misura cautelare. Forse, senza le carcerazioni preventive sarebbe stato più difficile scoprire tutto quello che abbiamo scoperto, ma ciò probabilmente sarebbe avvenuto proprio perché si sarebbero concretati i rischi che la legge tende a evitare, l'inquinamento della prova, soprattutto. Del resto si deve considerare che ammissioni sono state fatte anche da parte di chi era libero, credo anche indipendentemente dal voler far venir meno i presupposti giustificativi della custodia preventiva in carcere.

Comunque, quando uno confessava veniva quasi sempre liberato...

Appunto, perché in seguito alle ammissioni, al contributo alla ricostruzione dei fatti, venivano meno le esigenze della custodia cautelare. Chi raccontava come erano andate le cose da una parte si rendeva inaffidabile per l'ambiente nel quale era maturato il reato, ed elideva con ciò il pericolo che continuasse a commetterne; eliminava il pericolo di inquinamento probatorio, perché non si limitava ad ammettere i fatti, ma forniva anche gli elementi di riscontro (il conto corrente sul quale erano avvenute le operazioni, per esempio); rimuoveva il pericolo di fuga perché il comportamento nel processo avrebbe probabilmente portato a pene non particolarmente gravi.

È da considerare anche l'oggettiva debolezza di indagati di estrazione borghese che, di fronte alla detenzione, erano soggetti a comprensibili crolli psicologici. Nella richiesta di custodia non avrebbero dovuto essere considerati anche questi aspetti?

A mio parere questo significa non cogliere il fatto che per tutti c'è una prima volta. E quindi la cosa vale anche per un ragazzino che si trova per la prima volta in carcere a sedici anni, magari per la cessione di un po' di hashish a un amico. Ricordiamoci sempre che la Costituzione all'articolo 3 prevede l'uguaglianza dei cittadini «senza distinzione di condizioni personali e sociali». Le differenze quindi non devono creare disparità e cioè discriminazioni tra persona e persona. Se dovessimo approfondire il tema della pena, della reclusione così come è praticata, ti direi che la mia profonda convinzione è che il carcere andrebbe abolito. Sarebbe sempre necessario far sì che le persone pericolose non possano nuocere, evitare inquinamenti probatori e via dicendo. Ma ciò andrebbe fatto usando metodi del tutto diversi da quelli attuali.

Lo pensavi anche ai tempi di Mani pulite?

Le considerazioni che ti ho appena fatto, e che purtroppo non possiamo sviluppare in questa sede, sono il risultato di un lungo percorso personale. Ai tempi di Mani pulite questo percorso non si era ancora compiuto... Io credo però che esistesse una base, un terreno da coltivare fin dall'inizio della mia attività di magistrato. Quando, agli esordi della carriera, dopo poco più di due anni di dibattimento (la fase del processo in cui si assolve o si condanna), ho chiesto di essere trasferito all'Ufficio istruzione (dove invece si investigava, e non si infliggevano anni di carcere, anche se si disponeva la custodia cautelare), la decisione è dipesa anche dalla pesantezza dell'infliggere quasi quotidianamente pene detentive che potevano essere molto elevate.

Nel corso degli interrogatori cercavi di stabilire un rapporto con gli indagati?

Le persone, per me, sono persone, anche quando hanno commesso reati. E le persone hanno dignità, come dice l'articolo 3 della Costituzione. Ho sempre avuto nei confronti degli indagati un comportamento rispettoso della loro dignità, di qualunque reato fossero accusati. Non mi sono mai permesso, per esempio, di dare del tu a una persona coinvolta in un processo.

Che reazione avevano le persone poste sotto inchiesta? Ricorrevano a forme di captatio benevolentiae*?*

Dipende dalle persone. Gli atteggiamenti erano i più diversi. Mi è restato in mente, per esempio, quello di un indagato che interrogai, tanti anni fa, all'Ucciardone, il carcere di Palermo. Era in prigione per reati di mafia, ed era considerato una persona di livello elevato nell'ambito della sua organizzazione, ma io lo interrogavo per altri fatti. Non appena entrato nella stanza dei colloqui iniziò da una parte a invocare la mamma, la Vergine Maria e tutti i santi, a sostegno della sua innocenza, e dall'altra a lasciarsi andare a manifestazioni di contrizione evidentemente artificiose, in una messinscena che terminò non appena si rese conto che io (che venivo dal Nord, e quindi si poteva supporre abboccassi) non ci sarei cascato. Ci sono anche i tentativi di ottenere benevolenza, magari attraverso una specie di formale, enfatizzata sottomissione, che a me provocano qualche fastidio. Mi è successo raramente di incontrare persone così, forse anche perché, se tratti tutti con rispetto, il rispetto viene di solito ricambiato.

Alcuni casi sono controversi, ad esempio quello dell'esponente del Pci-Pds Luigi Carnevale. Sul Corriere della Sera *del 18 maggio del 1992 si afferma che « Carnevale si è praticamente accordato con la Procura sui tempi e le modalità del suo arresto ». Poiché sarebbe stato posto agli arresti domiciliari in una località segreta « sono evidenti due cose: la prima è che gli è stato evitato il carcere, la seconda è che lo si vuole tenere nascosto [...]. Il trattamento 'di favore' sembra fuori discussione ».*

Quanto a Luigi Carnevale, posso dirti che io l'ho interrogato a Milano, nella caserma dei carabinieri che sta in viale Umbria. È stato un interrogatorio lungo, nel corso del quale ha fornito una grande quantità di elementi, chiarito una serie di circostanze molto rilevanti. Carnevale aiutò in modo determinante a ricostruire il sistema di distribuzione delle tangenti che provenivano dalla costruzione della metropolitana, indicando anche le persone a cui distribuiva il denaro. Non saprei dirti altro. Più in generale però poteva succedere che una persona destinataria di un provvedimento restrittivo si costituisse in una caserma, o addirittura nei nostri uffici, e che, dopo l'interrogatorio, la sua posizione si fosse del tutto definita, facendo venir meno i presupposti della custodia. In quei casi il pubblico ministero (noi) chiedeva al gip la revoca della custodia in carcere, o la sua sostituzione con gli arresti domiciliari, e, se il gip poteva raggiungere rapidamente il suo convincimento e provvedere in tempi brevi, succedeva che la persona in questione non passasse nemmeno dal carcere.

Altro argomento delicato e significativo per la vicenda di Mani pulite sono i suicidi. Tra gli altri, quello di Amorese, di Moroni, di Cagliari, di Gardini e di Landi.[7] *Come reagivi alla notizia di un suicidio?*

Quando una persona si uccide è sempre una tragedia, una tragedia immensa. Purtroppo è quasi sempre impossibile prevedere l'eventualità di un suicidio nell'ambito delle indagini: quando ci si riesce (perché, per esempio, una persona dà segni di sofferenza che lo facciano presumere) si fa di tutto per evitarlo. Ma, come dicevo, non è quasi mai così. Ricordo l'angoscia che ci prese quando Di Pietro ci mostrò la lettera di Renato Amorese [il testo è in appendice al presente volume, nella sezione *Documenti*, *N.d.R.*], la prima delle persone coinvolte nelle indagini che si suicidò. Amorese era libero, era stato sentito da Di Pietro e dopo gli aveva scritto una lettera dalla quale emergeva chiaramente la sua intenzione. Antonio, non appena letta la missiva, mobilitò mezzo mondo per evitare il suicidio, ma era troppo tardi. Amorese si era già allontanato per andare a spararsi.

È possibile che il dramma dei suicidi fosse collegato al problema della carcerazione preventiva?

I motivi, secondo me, erano di dimensioni più vaste. In carcere si è ucciso solo l'ex presidente dell'Eni Gabriele Cagliari, che peraltro non era detenuto per nostra richiesta, mentre altre persone si sono suicidate da libere o agli arresti domiciliari. Se solo per un momento riusciamo a prendere distacco dall'emozione e proviamo a guardare i dati dei suicidi in carcere, ci accorgiamo che il problema esiste ed è esistito per la generalità delle persone detenute. In carcere si uccide approssimativamente una persona su mille, si tratta di una percentuale eccezionalmente superiore rispetto a quella del totale dei suicidi che ogni anno avvengono in Italia. Nessuna delle persone coinvolte nelle nostre indagini si è uccisa in carcere (Cagliari era detenuto per altro, lo ripeto).

Anche alla luce di questi episodi non pensi che per i colletti bianchi la carcerazione possa rappresentare un trauma eccessivo?

Come ti dicevo, tutte le persone soffrono il primo ingresso in carcere. Forse il trauma per chi vive nel mondo dell'economia, della finanza, dell'imprenditoria e della politica può essere maggiore, ma nello stesso tempo anche nel carcere si riconosce una specie di «dignità di stato» a chi viene da quegli ambienti, e la pesantezza della detenzione in qualche modo è meno dura. Sul tema che mi proponi ho avuto un confronto, qualche anno fa, con Norberto Bobbio. Avevo appreso, non ricordo attraverso quale canale, che Bobbio era critico sull'uso della custodia cautelare nelle nostre indagini, e poiché lo stimavo moltissimo gli avevo chiesto tramite amici comuni di incontrarci. Mi invitò a casa sua, e fui introdotto in una stanza letteralmente tappezzata di libri. Bobbio mi spiegò le ragioni delle sue perplessità: mentre le persone che vivono di espedienti ricorrendo spesso al reato si trovano in condizioni di grande disagio anche da liberi, e hanno quindi maggiore capacità di sopportare il carcere, per le persone coinvolte in Mani pulite era l'opposto: passavano da una situazione di agio alla cella, la nuova esperienza era traumatizzante, si sarebbe dovuto ricorrere alla custodia cautelare nei loro confronti con maggiore prudenza. Io cercai di spiegargli il mio punto di vista, richiamando l'articolo 3 della Costituzione, la pari dignità delle persone, quel che potevo avere appreso dall'esperienza sul campo. Ripensandoci ora, credo che quell'incontro abbia contribuito alla mia riflessione più generale sul senso della carcerazione e sui suoi pessimi rapporti con la dignità delle persone, di tutte le persone, che ho poi maturato col tempo.

Alla notizia dei suicidi provavi forse un senso di colpa?

Non ricordo sensi di colpa. Svolgevo correttamente la mia professione e, ripeto, nessuno di coloro che erano in carcere per nostra richiesta si era suicidato. Piuttosto, fin dai primi episodi è diventata per me quasi parossistica l'attenzione a evitare la possibilità di simili tragedie. Quando a Palazzo di giustizia arrivava la notizia di un suicidio c'erano discussioni profonde, manifestazioni di dolore, qualcuno si chiedeva se dovevamo smettere di investigare, qualcun altro si domandava come fosse possibile andare avanti nelle scoperte se le persone si ammazzavano, altri piangevano. Le reazioni emotive erano in sostanza molto forti, si cercava di individuare le cause per correre ai ripari.

Questi fatti si sono poi prestati a forme di strumentalizzazione. Oltretutto, il suicidio di Sergio Moroni poteva essere più prevedibile rispetto a quello di Amorese...

Perché? Moroni aveva ricevuto un'informazione di garanzia. Come si può supporre che informazioni di garanzia, nient'altro che quello, provochino conseguenze tanto drammatiche? Come ti accennavo, le cause, i motivi di questi gesti disperati erano molto più profondi rispetto alla notifica di informazioni di garanzia. C'era l'atteggiamento negativo della massa delle persone verso chi era anche soltanto lambito dalle indagini, c'erano i media che pompavano le notizie, c'era per qualcuno l'imbarazzo nei confronti di se stesso, c'era il vedersi franare addosso l'evidenza di illiceità di prassi che qualcuno considerava legittime, c'era per altri l'autostima che crollava...

Inoltre Moroni ha lasciato una lettera di grandissima dignità [il testo è in appendice al presente volume, nella sezione *Documenti*, *N.d.R.*], con la quale ha posto questioni cruciali. Io credo che le cause del suo gesto siano più d'una: un forte investimento nella propria immagine, anche nei confronti dei familiari; una forte motivazione verso la politica; la contraddittorietà tra le regole scritte, il divieto del finanziamento illecito ai partiti politici, e la prassi generale ritenuta da chi la praticava sostanzialmente legittima; una percezione di ingiustizia per veder applicare la legge formale ad una situazione materiale generalizzata e condivisa da chi la metteva in atto; lo « sciacallaggio » (il tradimento) di chi, avendo praticato il sistema fino al giorno prima ne era diventato censore; l'atteggiamento dei media che pubblicizzavano e criminalizzavano il coinvolgimento nelle indagini. A Sergio Moroni si è sgretolato il mondo intorno: per quello, secondo me, si è ucciso.

Ma voi vi preoccupavate di cercare di evitare che le persone coinvolte nelle indagini, sotto pressione, potessero togliersi la vita?

C'è stata una situazione nella quale ho temuto che una persona coinvolta nelle indagini potesse compiere un gesto estremo, e ho fatto il possibile per evitarlo (apprendendo, infine, che la mia paura era ingiustificata). Per anni un colonnello della guardia di finanza aveva collaborato con me in varie indagini: lavorava con attenzione e capacità, lo stimavo e avevo instaurato con lui un buon rapporto professionale. Quando emerse la corruzione di alcuni membri del Corpo si scoprì che era coinvolto anche lui. Non volevo crederci, sperai che si fosse trattato di un errore, pensavo che in caso contrario il colonnello avesse agito in un momento di debolezza e temetti che l'essere stato scoperto potesse spingerlo a qualche gesto tragico. Quando il gip emise nei suoi confronti una misura cautelare in carcere, detti precise, tassative ed estese disposizioni perché il colonnello fosse cercato con la massima sollecitudine e venisse accompagnato nel mio ufficio non appena l'avessero trovato, in modo da procedere subito all'interrogatorio per evitare che mettesse in atto eventuali propositi autolesionistici. Attesi fino a notte inoltrata, e nel frattempo pensavo che si sarebbe presentato confuso e indignato, preoccupato per la sua immagine, indipendentemente dalla fondatezza degli addebiti. Oppure che avrebbe confessato con vergogna un momento di debolezza. Niente di tutto questo. Prima ancora dell'inizio dell'interrogatorio, con aria tranquilla, se ne uscì dicendo più o meno: « Dottore, mi dica lei cosa mi conviene fare. Se dico che è vero quello di cui mi si accusa che succede? Quale pena potrò verosimilmente patteggiare? E se nego? Quale pena rischio? » Io, che avevo addirittura temuto che mettesse a repentaglio la sua vita, rimasi incredulo, stupito e deluso anche per non essere stato capace di capire quale persona il colonnello veramente fosse.

Fra le persone che si sono suicidate ce n'era qualcuna che conoscevi bene?

Conoscevo il maresciallo Agostino Landi della guardia di finanza, aveva lavorato in varie indagini che avevo condotto. Si sono scoperti indizi importanti di un suo coinvolgimento, e sono stati disposti nei suoi confronti gli arresti domiciliari. Una mattina dovevo sentirlo su alcuni aspetti marginali ed ho disposto che la guardia di finanza lo accompagnasse nel mio ufficio. I finanzieri arrivarono a casa sua, suonarono il campanello, dichiararono il motivo per cui erano lì, lui andò in bagno e si sparò con la pistola che gli era stata lasciata nonostante fosse agli arresti!

Restando sul personale, ricordo che, prima delle note vicende processuali, avevi già un rapporto con il principale protagoni-

sta del processo Enimont, il finanziere Sergio Cusani. I vostri figli, ad esempio, erano compagni di classe al liceo Parini. Che cosa hai provato quando le indagini si sono indirizzate su di lui?

Sì, Cusani lo conoscevo. Era il padre di un compagno di scuola e grande amico di mio figlio. Quando è stato coinvolto nelle indagini ho comunicato la circostanza al procuratore Borrelli e l'ho pregato di dirmi se riteneva che dovessi astenermi dalle relative indagini. Borrelli mi invitò a proseguire. In pratica, però, non ho mai interrogato Sergio Cusani. Dopo che ebbe scontato la pena, con grande dignità, ci siamo rivisti in più occasioni, partecipando insieme a dibattiti sulla corruzione e sulla giustizia. Ho seguito le sue attività in campo sindacale e in campo culturale, sulle quali abbiamo avuto occasione di scambiarci qualche impressione.

I mezzi di comunicazione durante il periodo di Mani pulite criticavano prevalentemente gli esponenti politici ed erano più cauti nei confronti degli imprenditori, che pure sovente appartenevano alla categoria dei corruttori. Pensi che questo fosse dovuto al fatto che anche i proprietari dei media erano imprenditori o che l'opinione pubblica tendeva a considerare con più indulgenza gli industriali, ritenendoli al limite vittime di estorsioni?

Credo che sia più verosimile la seconda ipotesi. A mio parere, i cittadini avevano generalmente un atteggiamento colpevolista solo nei confronti degli amministratori pubblici. Come succede anche ora, negli esponenti della politica veniva individuata la causa di tutti i mali; erano loro, secondo i cittadini, di gran lunga i maggiori responsabili di quel che via via emergeva. Il che era, per certi versi, come sgravarsi da qualsiasi responsabilità attribuendola alla parte con la quale era più difficile identificarsi. In Italia, poi, esiste questa curiosa convinzione generale secondo la quale le colpe sono sempre della politica e delle istituzioni, mai della cittadinanza che i politici li elegge e nelle istituzioni ci lavora (per intenderci, la scuola è il complesso delle persone che ci lavorano, non un'entità distinta, separata, e magari astratta).

Confindustria nel 1991, e quindi prima dell'inizio di Mani pulite, aveva varato un codice etico che prevedeva la correttezza e l'integrità nei rapporti con la Pubblica amministrazione. Pensi si sia trattato solo di norme formali?

Credo che gli sforzi sulla via del rispetto delle regole fossero sforzi veri, reali. Tuttavia non potevano avere risultati, perché se già le leggi, che prevedono sanzioni applicabili coercitivamente, non venivano rispettate, tanto meno potevano esserlo i codici etici. Sarebbe necessaria una forte inversione di tendenza del comune modo di pensare, al cui verificarsi forse i codici etici potrebbero contribuire solo se progressivamente si affermasse la convinzione che sia giusto rispettarli. In sintesi, la cultura vien prima delle regole, se non cambia quella è difficile che le regole siano rispettate.

Nel 1992, all'inizio di Mani pulite, partecipando ad un convegno di industriali Di Pietro sostenne di credere « in una sana imprenditoria ». Ci credevi anche tu?

Ho potuto constatare che quasi tutte le imprese di dimensioni non piccole avevano creato fondi neri, molto spesso all'estero. Oltre a costituire reato di per sé, la formazione di fondi neri era indirizzata all'evasione fiscale piuttosto che alla corruzione o alla concorrenza sleale, e comunque all'opacità dei bilanci. In sostanza, fondi neri venivano costituti allo scopo di avvantaggiarsi a scapito della collettività. Della corruzione, peraltro, si avvantaggiavano non solo i politici e i dipendenti pubblici infedeli, ma anche le imprese che ricevevano commesse e vincevano appalti che non avrebbero potuto ottenere se si fossero comportate lealmente.

D'altronde lo stesso Di Pietro, riferendosi a quegli anni, sostiene che a spingere gli industriali a testimoniare non era tanto la paura del carcere quanto il timore di subire un commissariamento e dover lasciare le redini dell'impresa. Disponevate di questo potere e, se sì, l'avete mai utilizzato?

In base all'articolo 2409 del codice civile il pubblico ministero poteva chiedere, nei casi più gravi, la revoca degli amministratori ed eventualmente anche dei sindaci, e nominare un amministratore giudiziario. Non è però capitato frequentemente di fare ricorso a questa procedura.

Il presidente di Confindustria dell'epoca, Luigi Abete, su Tangentopoli tenne una posizione mediana, basata sulla fiducia nei confronti dell'imprenditore indagato ma anche nel lavoro della magistratura. Lo stesso Abete ha poi dichiarato che tra l'evasione fiscale, i fondi neri e le tangenti non c'era differenza, perché in ogni caso si sacrificavano i beni della collettività in nome di interessi privati. Cosa ne pensi?

Tutti questi atteggiamenti sono il risultato dello stesso modo di pensare, della stessa cultura.

Nel 1997 Il Sole 24 ore *ha pubblicato una lettera di solidarietà a Cesare Romiti in seguito alla sua condanna per falso in bilancio.*[8] *La dichiarazione, proposta da Enrico Cuccia e firmata da una cinquantina di esponenti del mondo imprenditoriale e finanziario, conteneva anche la richiesta di modifica della legge sul falso in bilancio e criticava la magistratura per aver seguito « criteri rigoristici » che portavano « a riflessi negativi, sproporzionati all'importanza dei fatti sulla vita delle imprese ». Poi, nel 2002, la nuova normativa ha di fatto riformato le soglie di punibilità sotto le quali non sussiste reato. Qual è la tua opinione in proposito?*

Penso che il reato di falso in bilancio, così com'era strutturato all'epoca di Mani pulite, permettesse con maggiore facilità (sarebbe meglio dire con minore difficoltà) di oggi la scoperta di specifici fatti di corruzione. Il tema è quello della effettiva trasparenza dei bilanci, e la normativa precedente tendeva proprio, a mio parere, a una trasparenza reale, a far conoscere effettivamente la situazione delle società.

L'amministratore delegato dell'Eni ai tempi di Mani pulite, Franco Bernabè, ha recentemente sostenuto che la corruzione avesse un costo rilevante per le stesse società che la utilizzavano e che il maggior danno derivasse dalla mancanza di trasparenza e di meritocrazia, che demotivava molti manager. Pensi che si tratti di una giustificazione tardiva o di effettiva convinzione?

Mi sembra che l'analisi sia del tutto condivisibile. Credo che Bernabè fosse convinto di quel che diceva.

Risponde a verità che all'epoca ci fu una sorta di patto con Bernabè, del tenore: «Lei riporta il gruppo Eni alla legalità e noi vi lasciamo stare»?

Io credo che qui si confondano due livelli. Uno riguarda il passato: il pubblico ministero non può «lasciare stare» nessuno, perché l'azione penale è obbligatoria. Quindi quando si scoprivano reati già commessi si procedeva.

Per quel che riguarda invece le prospettive, ricordo che non solo Bernabè, ma anche altri amministratori delegati hanno contattato la procura della Repubblica per esporre le misure che intendevano proporre per evitare il ripetersi di violazioni di legge nelle loro imprese, chiedendo suggerimenti su come fare.

E le trattative con l'amministratore delegato della Fiat Cesare Romiti? Consegnandovi un memoriale con le «malefatte» del suo gruppo ha ottenuto maggiore condiscendenza da parte vostra?

Condiscendenza vorrebbe dire trattamento privilegiato? Se intendi questo lo escludo. Nella logica processuale che ti ho esposto era doveroso, oltre che normale, applicare la legge in tutti i suoi aspetti, e quindi tener conto anche delle ammissioni in relazione all'applicazione delle attenuanti, o al consenso ai riti alternativi come il patteggiamento e il giudizio abbreviato, ma la condiscendenza non c'entra. D'altra parte le dichiarazioni e la documentazione che ci venivano proposte erano oggetto di attenta analisi, si cercavano e acquisivano riscontri, ed è successo che chi si è presentato come vittima di concussione o di estorsione sia stato poi perseguito per corruzione, come è avvenuto per esempio nel caso Imi-Sir.

A proposito di rapporto con gli imprenditori, Di Pietro sostenne di essersi messo in qualche modo dalla loro parte per rompere un patto di omertà. Da qui le numerose confessioni, che permettevano poi di ricorrere al patteggiamento. C'è un legame con il fatto che a Mani pulite sia seguito un ricambio della classe politica, ma non di quella imprenditoriale?

Francamente mi pare che non siano poche le persone che si occupavano di politica prima e che hanno ripreso a farlo dopo le indagini. Ed è invece successo che amministratori di società coinvolti nella corruzione abbiano lasciato definitivamente il loro incarico. Io credo però che la questione dovrebbe essere posta tenendo conto che il processo penale tende ad accertare le responsabilità delle persone, non delle categorie. E le posizioni delle persone che commettono reati sono generalmente diverse una dall'altra. Detto questo, se è successo che imprenditori abbiano patteggiato più frequentemente di pubblici ufficiali o di politici, la causa dipende dall'entità del coinvolgimento, dal comportamento processuale, dal fatto che il patteggiamento sia stato richiesto oppure no dalla parte interessata e così via. Se non c'è stato un ricambio nell'imprenditoria (diciamo un ricambio complessivo, perché anche lì alcune cose sono cambiate) dipende anche dal fatto che le proprietà di alcune imprese sono rimaste, ovviamente, le stesse.

Nel 1996, alla convention di Confindustria di Capri, Davigo sostenne che il pool aveva rischiato l'isolamento a causa della reazione dei poteri che erano stati coinvolti nelle vostre inchieste. Il rapporto con gli imprenditori è mutato nel tempo, ad esempio con l'avvento del Governo Berlusconi, o è stato costante?

Gli imprenditori hanno avuto atteggiamenti diversi nei confronti delle indagini, anche indipendentemente dal periodo nel quale sono stati coinvolti nelle stesse. Insomma, l'atteggiamento dipendeva dalla psicologia personale o da quella del gruppo di cui l'imprenditore o il manager era espressione. Certo, si possono schematicamente individuare dei periodi: dopo l'inizio delle indagini (quando c'è stata una resistenza minima alle scoperte) è seguita una fase in cui gli imprenditori si presentavano spontaneamente per rivelare episodi di corruzione o reati connessi, episodi che a volte ci erano del tutto ignoti. In seguito l'atteggiamento è progressivamente cambiato fino ad arrivare, in certi periodi, anche ad una aperta contestazione della legittimità del lavoro dei magistrati.

Nell'intervista concessa alla Repubblica *nell'ottobre del 1999, a proposito di Tangentopoli Leopoldo Pirelli ha affermato: «Se una decina di grandi aziende avessero insieme denunciato la corruzione che era diventata sistema, nessuno avrebbe potuto impedircelo e schiacciarci, tutti insieme eravamo forti a sufficienza per schiacciare noi quel malcostume». E poi: «Io penso che il giudizio storico sul comportamento della magistratura sarà positivo». Un imprenditore fuori dal coro o animato da un'etica calvinista?*

Credo piuttosto che fosse realista. Temo che a troppi imprenditori andasse bene il sistema della corruzione e non avessero interesse a tenere il comportamento descritto da Leopoldo Pirelli.

Hai sostenuto che molti enti pubblici erano di fatto considerati «strumenti di assistenza». Pensavi alle pressioni politiche in termini di assunzioni di personale, carriera eccetera come a una forma di corruzione indiretta?

A questo proposito credo che sia necessario distinguere tra l'uso tecnico della parola corruzione e l'uso comune. Quando si parla di corruzione come reato occorre far riferimento alle fattispecie criminose previste dal codice penale. Penso che tu non ti riferisca al reato, ma alle cattive o pessime pratiche di gestione della cosa pubblica. Se diamo alla parola corruzione il significato di inquinamento e degrado, penso che la tua osservazione descriva la realtà emersa a quel tempo.

I RAPPORTI CON L'OPINIONE PUBBLICA, LA STAMPA E IL MONDO POLITICO*

Nelle immagini d'epoca si vedono spesso giornalisti che vi assediano nei corridoi del Palazzo di giustizia. Vuoi parlarmi del tuo rapporto con i media?

Non appena le indagini si sono sviluppate giornalisti e televisioni hanno iniziato a presidiare quotidianamente il Palazzo di giustizia in gran numero. Appena uscivo dal mio ufficio venivo, come i miei colleghi, circondato. Mentre camminavo nei corridoi mi si rivolgeva una serie di domande, alle quali regolarmente non rispondevo, salvo che riguardassero questioni non coperte né da segreto, né da riservatezza (il mio metro di valutazione era piuttosto rigoroso, e per me le notizie erano segrete o riservate praticamente sempre). Ogni tanto entrava in ufficio qualche cronista, chiedendo delucidazioni, specificazioni, informazioni su questo o quel rivolo di indagine, su questa o quella persona, su questo o quel fatto. Le risposte erano le stesse che davo nei corridoi. Con molta gentilezza semplicemente evitavo di rispondere portando il discorso su temi estranei alle nostre investigazioni. Suppongo che i giornalisti fossero altrettanto insistenti con la polizia giudiziaria, i cancellieri, i segretari, gli avvocati e via dicendo...

* Un'analisi relativa a Mani pulite e la stampa figura in appendice al presente volume.

A tuo parere le cronache riportate da giornali e televisioni erano sufficientemente corrette?

Non leggevo i giornali tutti i giorni, anzi, per un periodo consistente di tempo, almeno fino all'agosto del 1992, mi fu quasi impossibile aprirli perché il lavoro assorbiva quasi tutto il mio tempo. Comunque, anche per quel che riguardava i media io non credo che si possa generalizzare. C'erano notizie corrette, notizie scorrette, notizie addirittura inventate. Qualche volta succedeva che la notizia fosse esatta, ma che le immagini che l'accompagnavano, specie in televisione, in qualche modo la contrastassero.

Come avvenivano le fughe di notizie?

Potevano verificarsi da ogni dove: polizia giudiziaria, cancellerie, avvocati, indagati. Spero di poter escludere i magistrati, anche se non sono in grado di affermare categoricamente che nessuno di loro si sia mai lasciato sfuggire qualcosa. Vorrei però aggiungere un'informazione in materia: la riservatezza degli atti investigativi è disciplinata dall'articolo 329 del codice di procedura penale. Esso limita il segreto al periodo antecedente a quello in cui l'imputato può avere conoscenza della notizia. Prima la notizia non può essere comunicata, dopo sì. Anche oltre quel termine il pubblico ministero può imporre il segreto, e prima del termine può disporre la pubblicazione, con atto formale e motivato, quando ciò è utile per le indagini. Tante notizie che agli occhi della cittadinanza apparivano riservate potevano invece essere legittimamente comunicate in base alle disposizioni del codice. Voglio dire che il fenomeno era molto, ma molto più limitato di quel che poteva apparire.

L'opinione pubblica, soprattutto negli anni dal '92 al '94, ha espresso un consenso plebiscitario per Mani pulite. Ricordo che anch'io ho partecipato a una fiaccolata nel centro di Milano, ritmata da slogan come: « Colombo, Di Pietro, non tornate indietro! » « Di Pietro, Colombo, andate fino in fondo! » Al termine sono passato da casa tua per raccontarti quanto era successo. Pensi che queste forme di sostegno vi abbiano in qualche modo condizionato?

Se per condizionamento intendi la possibilità di influenzare il nostro comportamento nella conduzione delle indagini posso escluderlo categoricamente. Se invece lo intendi come possibilità di influenzare l'intenzione di ciascuno di continuare a lavorare nel pool non sarei così sicuro (non so, per esempio, se la prospettiva di un cambiamento di orientamento dell'opinione pubblica abbia giocato un ruolo nella decisione di Di Pietro di dimettersi). Se infine ti riferisci all'effetto che l'opinione pubblica ha avuto su indagati e testimoni, ti rispondo senz'altro di sì, poiché molti sono diventati più disponibili nei confronti delle indagini proprio perché l'opinione pubblica nel suo complesso (intendo tutte le televisioni, comprese quelle private, le testate giornalistiche, le radio), sicuramente nei primi mesi delle indagini e forse per il primo anno, anno e mezzo, stigmatizzava i comportamenti illeciti e auspicava il ritorno alla più completa legalità.

Credo che da parte di molti si trattasse di un sostegno convinto al rispetto delle regole. Purtroppo una parte della pubblica opinione ha personalizzato, rivolgendo il suo sostegno alle persone dei magistrati che investigavano piuttosto che al ripristino della legalità; e demonizzando coloro che erano coinvolti nelle indagini piuttosto che disapprovare i loro comportamenti.

Parte della cittadinanza in conseguenza ha avuto comportamenti molto poco corretti nei confronti di indagati la cui dignità a volte non è stata rispettata.

Buona parte delle manifestazioni di consenso ha riguardato più la figura di Di Pietro che il pool nel suo complesso, e Mani pulite stessa anche oggi viene identificata con Di Pietro, che pure ha abbandonato le indagini a fine 1994. Questa forte personalizzazione può aver nuociuto all'inchiesta?

Secondo me, nel periodo iniziale ha favorito il progredire delle indagini perché l'opinione pubblica ha trovato un simbolo al quale indirizzare le proprie emozioni, i propri sentimenti, il proprio desiderio che si «facesse pulizia». Nei primissimi tempi, tutto ciò ha dato a Di Pietro una grande autorevolezza e questa si è indubbiamente manifestata anche nei confronti delle persone coinvolte nell'indagine (era per qualcuno motivo di orgoglio essere interrogato personalmente da Di Pietro). Alla lunga, però (e neanche tanto alla lunga), questa personalizzazione delle indagini è stata secondo me negativa, perché è andata a discapito dell'autorevolezza delle istituzioni.

Più avanti il vostro operato ha suscitato dubbi, se non vere e proprie critiche...

Via via che passava il tempo la sovraesposizione mediatica tendeva ad influire negativamente, nel senso che la personalizzazione dell'attività giudiziaria poteva prestarsi a screditare le indagini, screditando le persone dei magistrati. Io sono stato costretto a presentare decine e decine di querele per difendere la mia onorabilità da diffamazioni propagate attraverso i media e altrettanto è stato, più o meno, per i miei colleghi.

Credo che il cambiamento dell'umore della pubblica opinione sia dipeso soprattutto dalla seguente circostanza. Finché nelle inchieste erano coinvolti solo personaggi di alto livello (perché le prove ci portavano lì) le indagini avevano la chiara solidarietà dei cittadini, che certamente non si identificavano con loro. Quando però le prove hanno iniziato a portare le indagini anche verso persone comuni, l'atteggiamento della collettività è mutato. Io credo che non pochi, a quel punto, abbiano cominciato a riconoscersi in chi veniva scoperto, e si siano chiesti: «Ma i magistrati cosa vogliono, venire a vedere quello che faccio io?» e abbiano in conseguenza modificato il proprio approccio. Non dimenticare che questo è un Paese che solo quanto a evasione fiscale registra un numero impressionante di illeciti.

Anche alcuni mezzi di informazione hanno via via cambiato atteggiamento nei vostri confronti: sono stati loro ad aver influenzato negativamente l'opinione pubblica, o ne hanno forse recepito l'insofferenza?

Può darsi che ci sia stata qualche sollecitazione in senso critico da parte di alcuni quotidiani, ma penso che si sia trattato anche di un riflesso del sentimento espresso da una buona parte della cittadinanza, di cui parte della stampa si è fatta portavoce.

A proposito del ruolo dell'informazione, l'attuale rettore della Bocconi Guido Tabellini ha sostenuto che il controllo dei gior-

nali da parte di gruppi industriali o finanziari non contribuisce certo alla trasparenza.

Credo che nel nostro Paese sia indispensabile un'informazione indipendente, che possa contribuire a rendere più trasparente l'esercizio delle funzioni pubbliche, il mondo della finanza e quello dell'economia. La correttezza dell'informazione è il presupposto essenziale per la correttezza delle relazioni sociali e per l'esercizio della democrazia. Credo che sarebbe utile, particolarmente utile chiedersi se questo potere, il potere dell'informazione, non debba essere separato dagli altri poteri tradizionali (legislativo, esecutivo, giudiziario), come pure da quello finanziario, perché la democrazia possa funzionare.

Ai tempi di Mani pulite il professor Alessandro Pizzorno scriveva: « Il politico aperto alla corruzione deve essere scelto nella categoria di persone che temono poco i rischi inerenti a tale condizione perché all'inizio, in ogni caso, hanno poco da perdere ». Vuol dire che la carriera politica può essere influenzata più dalla capacità di raccogliere denaro che da altri fattori?

Essere abile nel raccogliere fondi, anche tramite il finanziamento illecito e quel che gli era connesso, era sicuramente una caratteristica apprezzata all'interno dei partiti. Qualcuno è riuscito ad agevolare la propria carriera attraverso l'abilità nel far pesare le proprie relazioni e nel raccogliere denaro, magari anche utilizzando quest'ultimo a proprio vantaggio per acquisire tessere (che vuol dire attestazioni di iscrizioni al partito) per avere maggior peso e scalare così le posizioni di potere.

D'altronde lo stesso Cirino Pomicino, esponente della Dc campana, a proposito dei finanziamenti alla politica sosteneva che «sotto il banco è possibile tutto, sopra il banco nulla».

Se il virgolettato si riferisce al finanziamento dei partiti non sono d'accordo con l'affermazione. Infatti la legge consentiva ai partiti di ricevere finanziamenti per vie legali: bastava l'espletamento di alcune piccole formalità. Erano invece vietati i finanziamenti da parte di società partecipate dal capitale pubblico oltre una determinata soglia, ma ciò aveva evidentemente lo scopo di evitare conflitti di interesse. Se invece si riferisce al malaffare sono abbastanza d'accordo: non poteva essere praticato alla luce del sole.

Non pochi esponenti della magistratura italiana si sono dimostrati ossequiosi nei confronti del potere politico. Da che cosa traeva (e trae) origine questo atteggiamento?

La Costituzione garantisce l'indipendenza dei magistrati, ma ovviamente non può obbligarli ad essere indipendenti contro la loro volontà. Una serie di disposizioni legislative, in effetti, dovrebbe garantire l'imparzialità dei magistrati, ma non sempre è possibile scoprire la parzialità verso il potere. Io credo che, al di là dei casi in cui evidentemente predomina l'interesse personale (ogni tanto si scopre anche qualche magistrato corrotto), ciò dipenda da una questione culturale. L'indipendenza è faticosa, richiede grande senso di responsabilità, espone facilmente a pressioni da parte del potere (per esempio tramite il ricorso a procedimenti disciplinari), insomma rende più difficile la vita. E allora ci sono persone che preferiscono, magari inconsapevolmente, orientarsi verso una vita tranquilla, non scombussolata da tutto quel che comporta essere veramente indipendenti.

Nel 1994, con l'inchiesta sulla guardia di finanza viene chiamato in causa il premier Silvio Berlusconi. Ricordi la circostanza?

Il vicebrigadiere della guardia di finanza Pietro Di Giovanni aveva riferito al suo comandante che un superiore gli aveva offerto del denaro, dicendogli che arrivava da una società che voleva così ringraziare per il modo urbano con il quale era stata effettuata una verifica fiscale. Il comandante lo accompagnò subito a Palazzo di giustizia e riferì la vicenda a uno dei sostituti procuratori, Raffaele Tito. Questi dispose una perquisizione a casa del maresciallo nel corso della quale furono trovati quarantasette milioni di lire in contanti.

Da quell'episodio emersero vari casi di corruzione all'interno della guardia di finanza: quattro episodi riguardavano società del gruppo Fininvest: Mondadori, Mediolanum, Videotime e Telepiù. Alla fine dei vari gradi di giudizio sono stati condannati definitivamente per corruzione alcuni appartenenti alla guardia di finanza e il direttore centrale degli affari fiscali del gruppo Fininvest. Silvio Berlusconi, che era stato condannato in primo grado per tutti e quattro gli episodi, è stato poi assolto in appello per uno e prescritto per gli altri tre, e infine assolto definitivamente in Cassazione per non aver commesso il fatto.

Possiamo chiarire una volta per tutte la nota vicenda dell'invito a comparire recapitato a Berlusconi nel novembre 1994, proprio mentre, in qualità di premier, era a Napoli per il con-

vegno internazionale sulla criminalità? Come mai apprese la notizia dalle pagine del Corriere della Sera?

Ovviamente i processi di cui ti ho appena parlato sono stati preceduti da indagini, nel corso delle quali sono emersi elementi che ci hanno fatto ritenere che Silvio Berlusconi fosse coinvolto in quegli episodi. Decidemmo di interrogarlo sui fatti, e fissammo la data dell'interrogatorio: il 26 novembre. Berlusconi, che allora era presidente del Consiglio dei ministri, doveva dunque essere invitato a presentarsi. Decidemmo di usare tutte le cautele possibili per evitare che l'invito a comparire (sottolineo che si trattava di un invito a comparire, non solo di una « informazione », come sembra abbiano creduto per anni milioni di persone) potesse essere divulgato. Il presidente del Consiglio aveva in quei giorni un impegno internazionale a Napoli, ma sapevamo, perché così ci aveva riferito il generale dei carabinieri ai quali era stato dato l'incarico di recapitare l'invito, che la sera del 21 novembre sarebbe rientrato a Roma per partecipare a un Consiglio dei ministri. La consegna doveva avvenire a Roma quella sera, ma Berlusconi rientrò in effetti il giorno dopo, e dunque solo il giorno dopo, appunto a Roma, l'atto gli fu notificato. La sera del 21 i carabinieri che erano andati a Roma per consegnare l'invito non lo trovarono, lo contattarono telefonicamente e lo informarono di parte del contenuto dell'invito. La mattina successiva il *Corriere della Sera* pubblicò la notizia del suo coinvolgimento nell'inchiesta. Come ti dicevo, adottammo tutte le cautele possibili per evitare che la notizia potesse arrivare alla stampa, e tuttavia il *Corriere* riuscì ad averla. Ipoteticamente i canali potevano essere diversi: una delle pochissime persone che all'interno del Palazzo di giustizia era a conoscenza dell'informazione; qualche carabiniere; una persona dell'entourage del presidente del Consiglio (visto che lo stesso era a conoscenza dell'invito e di parte del suo contenuto dalla sera del 21). Si tratta però soltanto di ipotesi, perché le indagini effettuate sulla fuga di notizie dalla procura di Brescia non hanno portato ad alcun risultato.

Veniamo a singoli episodi che ti hanno riguardato personalmente: fu una gaffe da parte tua ordinare la perquisizione alla Camera nel febbraio 1993 per ottenere i bilanci del Psi?

Non ho mai ordinato una perquisizione alla Camera. Ho scritto una missiva alla guardia di finanza chiedendo di acquisire copia dei bilanci del Partito socialista. La cosa ha generato un equivoco, facendo ipotizzare da qualcuno che potesse interferire con le prerogative del Parlamento. Niente di tutto ciò. In effetti non ho osservato la forma e, avendo sbagliato, di questo mi sono scusato personalmente con l'allora presidente della Camera onorevole Napolitano. Ma da qui a dire che ho ordinato una perquisizione...

In generale, le tue considerazioni sulla classe politica degli anni Novanta sembrano essere negative. Ci sarà pure qualche esponente politico che ricordi con ammirazione?

Certo. Ad esempio Tina Anselmi, la cui serietà, capacità, preparazione ho potuto constatare vedendo l'eccezionale lavoro svolto come presidente della Commissione parlamentare d'inchiesta sulla P2. Prima di essere nominata presidente della Commissione Tina Anselmi era stata più volte ministro, dopo quella presidenza è politicamente sparita. Sembrerebbe quasi che il suo incisivo lavoro abbia infastidito la politica nel suo complesso, e che per questo sia stata emarginata.

RIFORME E CONTRORIFORME

L'indagine di Mani pulite ha innescato un conflitto senza precedenti nella storia repubblicana tra magistratura e mondo della politica, con quest'ultimo non troppo preoccupato di contrastare incisivamente i massicci fenomeni corruttivi emersi. Pensi che alcuni provvedimenti legislativi di quegli anni siano stati il frutto di una sorta di reazione di buona parte del mondo politico a Mani pulite?

Non si può naturalmente generalizzare: bisognerebbe entrare nel merito dei singoli provvedimenti. In linea di massima l'attività legislativa degli anni Novanta non ha certo agevolato il fisiologico evolversi di Mani pulite. È oggettivamente difficile negare che alcune leggi abbiano ostacolato le indagini. In certi casi, diversi esponenti politici hanno anche espresso pubblicamente la loro insofferenza nei confronti dell'inchiesta Mani pulite e l'intenzione di applicare soluzioni legislative che ne ridimensionassero gli effetti. È stato un atteggiamento non isolato che, seppur con intensità talora diverse, è stato tenuto da rappresentanti di quasi tutte le forze politiche, di qualsiasi maggioranza e di qualsiasi governo (a conferma, mi verrebbe da dire, dell'insofferenza manifestata anche in un passato meno prossimo nei confronti del controllo di legalità).

La prima avvisaglia di un atteggiamento ostile del mondo politico nei confronti di Mani pulite si ebbe nel marzo del 1993 con il cosiddetto decreto Conso, del quale abbiamo già parlato. Poco più di un anno dopo, il 13 luglio del 1994, il Governo varò un altro decreto, approvato in fretta e furia poco prima della semifinale dei mondiali di calcio negli Stati Uniti Italia-Bulgaria, tra il disinteresse generale dell'opinione pubblica. Il Consiglio dei ministri approvò un testo (il cosiddetto « decreto Biondi ») che, oltre a rendere segreta l'informazione di garanzia,[9] *incideva significativamente soprattutto sul tema della custodia cautelare in carcere, con fortissime limitazioni della medesima.*[10]

Con la nuova normativa non sarebbe stato più possibile chiedere al gip che venisse disposta la custodia cautelare per i reati di corruzione tipici di Tangentopoli. Si sarebbero potuti disporre solo gli arresti domiciliari, che però sarebbero stati in molti casi insufficienti a prevenire il rischio di inquinamento probatorio, rilevantissimo in Mani pulite. Il decreto ci pareva in forte contrasto con basilari principi costituzionali (tra cui il principio d'uguaglianza sancito dall'articolo 3 della Costituzione), e anche con la logica: si sarebbe andati in carcere preventivo per un furto aggravato, ma non per reati finanziari o per corruzioni gravissime, perché per questi ultimi la legge vietava la custodia cautelare. Questa, per esempio, era ammessa per l'estorsione, reato commesso da un privato, ma non per la concussione, che in una sua forma è esattamente un'estorsione commessa da pubblico ufficiale, con abuso dei suoi poteri.

L'effetto immediato (e previsto) fu un elevatissimo numero di scarcerazioni, tra le quali quelle di finanzieri arrestati a Mi-

lano nel corso di un'indagine, da voi appena iniziata, su gravi episodi di corruzione all'interno della guardia di finanza. Che giudizio ne dai a distanza di quasi venti anni?

Il decreto fu un vero ostacolo alla prosecuzione delle indagini, soprattutto quelle sulla corruzione all'interno della guardia di finanza. La custodia cautelare era anche in quel caso tesa ad evitare soprattutto il rischio di inquinamento della prova, ancor più spiccato che negli altri settori d'investigazione. La corruzione è di per sé una materia in cui la prova è molto difficile da scoprire in quanto è interesse comune del corrotto e del corruttore, che verrebbero puniti entrambi, nascondere l'illecito. Passati circa un paio d'anni dall'inizio delle indagini la raccolta delle prove cominciò a divenire progressivamente difficile, al contrario dei tempi in cui le persone facevano la fila davanti alle nostre porte per riferirci anche episodi che non conoscevamo. Si era diffusa una certa tendenza alla reticenza, era diventato più difficile acquisire documenti rilevanti. Comunque, nel caso specifico delle indagini su membri infedeli della guardia di finanza, il pericolo di inquinamento delle prove, ripeto, era molto elevato. La pratica di alcuni militari della guardia di finanza consisteva nel « condividere » con altri colleghi la tangente raccolta per ammorbidire o omettere le verifiche fiscali, in una vera e propria « rete » di cui noi avevamo scoperto allora solo alcuni fili. Per molti soggetti, già coinvolti nelle indagini o che lo sarebbero stati di lì a poco, il decreto Biondi costituì una grande occasione per poter inquinare le prove.

Il 14 luglio 1994 Di Pietro lesse un comunicato alla stampa [il testo è in appendice al presente volume, nella sezione Documenti, N.d.R.*]* *con cui esprimeva la volontà dei pubblici ministeri milanesi di essere assegnati ad altro incarico.*

Io, dal momento in cui ho letto il testo del decreto, mi sono trovato molto a disagio con la mia professione. Si trattava di applicare una legge in evidente contrasto con la Costituzione (che è la legge cui tutte le altre leggi devono obbedire) e con le mie convinzioni più profonde, che con la Costituzione coincidono. Non volevo farlo, non volevo applicare una legge che creava discriminazione, forte discriminazione. Era questo il motivo che mi spingeva a fare qualche cosa che mi consentisse di non essere in contraddizione con me stesso, e credo che questo fosse anche il motivo che spingeva gli altri del pool a fare qualche cosa. Scegliemmo la strada del comunicato. Qualcuno incominciò a scrivere e, a un certo punto, ci trovammo Davigo e io nel suo ufficio: si metteva giù qualche parola, si rileggeva, si cancellava, si riscriveva, si limava. Piercamillo era molto duro, io cercavo di ammorbidire le espressioni più aspre. Venne naturale che il comunicato sarebbe stato letto da Antonio, davanti alle telecamere sempre presenti nei corridoi del palazzo. Una volta diffuso il contenuto i maggiori quotidiani e le principali istituzioni ricevettero migliaia e migliaia di fax con i quali i cittadini esprimevano la loro indignazione. Il decreto non venne convertito dal Parlamento e, dopo essere stato in vigore per appena una settimana, decadde. Danni, però, ne aveva già prodotti. Per la maggior parte dei soggetti che erano stati scarcerati non ritenemmo, una volta decaduto il decreto, di dover chiedere nuovamente l'arresto, poiché ormai non erano più sussistenti le esigenze cautelari: se avessero voluto inquinare le prove, ne avevano avuto tutto il tempo.

Borrelli non era d'accordo con l'iniziativa del comunicato, poiché secondo lui offriva il destro per accusare il pool di voler interferire con le decisioni politiche.

Non vorrei sbagliare, ma mi par proprio di ricordare che, per un disguido, Saverio conobbe il contenuto del comunicato soltanto dopo che Di Pietro l'aveva letto. Evitò comunque, con la sua solita signorile capacità di gestire l'ufficio, di prendere iniziative polemiche.

L'anno dopo fu approvata la legge 8 agosto 1995, n. 332, che prevedeva maggiori limiti alla carcerazione preventiva e più vincoli per il pubblico ministero procedente. Alcune sue parti suonavano come un monito rispetto alle prassi che, a dire di molti, erano invalse nell'inchiesta Mani pulite: ad esempio, l'accusa di utilizzare la carcerazione preventiva per provocare le confessioni degli imputati. Cito dal testo di legge: «Le situazioni di concreto ed attuale pericolo [necessarie per disporre le misure cautelari volte a scongiurare il rischio di inquinamento della prova, N.d.R.*] non possono essere individuate nel rifiuto della persona sottoposta alle indagini o dell'imputato di rendere dichiarazioni né nella mancata ammissione degli addebiti». E, ancora, pensando al caso di Enzo Carra:*[11] *«Non è consentito l'arresto della persona richiesta di fornire informazioni dalla polizia giudiziaria o dal pubblico ministero per reati concernenti il contenuto delle informazioni, o il rifiuto di fornirle». Ti capitò di pensare che il tuo – il vostro – metodo di lavoro fosse messo in discussione «per legge»?*

Potrebbe venire il dubbio che si sia trattato di una risposta corporativa ai pretesi (e mai dimostrati) eccessi nell'uso della custodia cautelare durante le indagini di Mani pulite, una reazione al ricorso alle « manette facili » del quale noi del pool eravamo stati accusati fin dai primi arresti di persone di spicco. Anche se la sussistenza di tali eccessi era già stata all'epoca seccamente smentita dagli stessi ispettori inviati, a fine '94, dal ministro Biondi. Se si considera che l'uso della custodia cautelare fu in linea con le concrete esigenze delle indagini e che i provvedimenti restrittivi furono sottoposti, quando gli indagati lo ritennero, al controllo del tribunale del riesame e della Cassazione, credo che l'enfasi data al tema della custodia cautelare sia dipesa dal fatto che era consueto vedere in carcere autori di furti, rapine, spaccio da strada. E non « colletti bianchi ». È per questa ragione che i media hanno posto tanta enfasi sulle carcerazioni.

Le indagini del pool di Mani pulite risentirono delle modifiche legislative in tema di custodia cautelare?

Molte delle novità in tema di misure cautelari in realtà erano già praticate, perché recepite dalla giurisprudenza prima ancora che si trasformassero in legge. Le misure cautelari erano già disciplinate in dettaglio dal codice di procedura penale. Tra le innovazioni salienti del 1995, si limitava la possibilità di ricorrere alla custodia cautelare per molti reati, si impediva la possibilità di arresto in flagranza di reato per le false dichiarazioni al pubblico ministero e, in generale, si restringeva la possibilità per il pubblico ministero di chiedere la custodia in carcere per l'indagato. Inoltre si impediva la custodia in carcere quando vi fosse la previsione che l'indagato, in caso di condanna, non avrebbe scontato la pena in carcere.

Su quest'ultimo punto, non credi che sia un controsenso incarcerare un soggetto quando si è già sicuri che, se verrà condannato in via definitiva, non sconterà in carcere neanche un giorno? Numerosissimi condannati di Mani pulite hanno scontato in carcere soltanto il periodo di custodia cautelare, prima della sentenza definitiva.

La custodia cautelare non è un anticipo della pena, è qualcosa di diverso. Quando si tratta di evitare la fuga di una persona che non sconterà la pena in carcere, la custodia cautelare è un controsenso. Ben diverso è il caso del rischio di inquinamento probatorio: se quest'ultimo non viene subito contrastato efficacemente, sarà impossibile pervenire all'accertamento effettivo delle responsabilità. Evidentemente c'è un problema che andrebbe risolto in altro modo.

Pensando ai tipi di reato per i quali si procedeva in Mani pulite, va poi tenuto presente, ad esempio, che la corruzione è un reato grave tra i più difficili da provare, e per il quale è ben difficile sapere a priori se la persona indagata dovrà alla fine scontare la pena in carcere. Come ho già accennato, il corrotto e il corruttore, entrambi passibili di incriminazione, tendono a coprirsi a vicenda. In altre parole, nelle indagini c'è da scoprire qualche cosa la cui prova è a rischio forte di inquinamento. Come si fa a evitare che si inquini la prova? L'unico strumento consiste nel separare la persona che potrebbe inquinare la prova dalla prova stessa. Si può ricorrere agli arresti domiciliari, ma questi spesso non bastano, perché con le tecnologie di oggi non è difficile mettersi in contatto con terzi da casa propria; perché a casa i familiari possono uscire e entrare come vogliono, portare pacchi e documenti, insomma perché i controlli sono necessariamente approssimativi. Se gli arresti domiciliari non sono sufficienti, resta la custodia cautelare in carcere. Ora, per quanto riguarda il carcere, esiste il problema, grave, delle pessime condizioni delle prigioni italiane. I detenuti sono spesso posti in situazioni fortemente contrastanti con la dignità della persona. E ciò, oltre a non essere accettabile in principio, non è neppure funzionale allo svolgimento del procedimento penale. Per quale motivo, per soddisfare le esigenze cautelari si debba vivere ammucchiati in celle dalle dimensioni ridotte, non si possano incontrare i propri cari se non per poche ore al mese, non si possa essere curati dal proprio medico di fiducia, francamente mi sfugge. Il problema del trattamento in carcere è grave, si risolve spesso nel non rispetto di alcuni dei diritti tra i più fondamentali. Riguarda tutti i detenuti, non soltanto quelli coinvolti nei reati cosiddetti dei « colletti bianchi »; anzi, riguarda soprattutto gli « altri » detenuti, i detenuti comuni, spesso meno attrezzati intellettualmente, con scarse disponibilità finanziarie e comunque lontani dal potere. È un problema che andrebbe risolto per tutti, e per sempre. Il mondo politico (nella generalità, e salvo non frequenti eccezioni) se ne accorge, e se ne occupa, soltanto nelle rare occasioni nelle quali il carcere ha a che fare con personaggi politici, come è successo con Mani pulite, per poi ridimenticarsene. Come se le condizioni in cui vivono i detenuti lo interessasse esclusivamente quando in custodia cautelare si trovano ben determinate persone.

Altro intervento legislativo che per molti è stato propiziato dal progredire dei processi nati da Mani pulite è consistito nella discussa riforma dell'articolo 513 del codice di procedura penale sulle dichiarazioni rese dal coimputato o dall'imputato in reato connesso davanti al pubblico ministero nella fase delle indagini. La legge era la n. 267 del 1997.[12] *La nuova legge provocò l'annullamento di molte delle condanne inflitte nei grandi processi di Mani pulite e non ancora definitive, rendendo necessaria la ripetizione dei dibattimenti. Nella maggioranza dei casi di annullamento, i processi si sono conclusi con una declaratoria di intervenuta prescrizione del reato. Il cambiamento delle «regole del gioco» nel corso del processo ha fatto pensare ad un apposito intervento della politica volto a pregiudicare l'esito di certi processi. Si è parlato di vera e propria «strategia della prescrizione»...*

L'esempio che si può fare è semplice e, purtroppo, assai realistico (nel senso che è accaduto concretamente molte volte): il pubblico ministero interroga, durante la fase delle indagini, un imprenditore accusato di corruzione e questo confessa di aver versato del denaro, poniamo, ad un assessore comunale per ottenere un certo appalto per la propria impresa. Secondo le modifiche del codice apportate nel '97, ciò che era stato dichiarato al pubblico ministero nel corso delle indagini non poteva essere utilizzato nel giudizio nei confronti dell'assessore se le accuse non fossero state ripetute in giudizio dall'imprenditore. Il che rappresenta una garanzia, perché l'accusato di fronte al pubblico ministero non era presente e non poteva far valere le proprie ragioni. Quindi bene che si attui pienamente il contraddittorio, che l'accusato sia posto di fronte al suo accusatore, ma bene che lo si faccia, non che non lo si faccia e che questo consenta di non accertare come si sono svolti i fatti. Oggi le regole sono state calibrate ulteriormente e inconvenienti simili non dovrebbero più verificarsi (o non dovrebbero verificarsi con frequenza). La soluzione trovata allora, invece, ammazzava letteralmente i processi. Si sarebbero potute trovare soluzioni diverse all'epoca [nel '97, *N.d.R.*], per esempio escludendo il diritto di tacere in dibattimento per chi avesse parlato nel corso delle indagini. La previsione che faceva l'investigatore nel momento in cui impostava l'indagine e il processo, basata sulla legge allora vigente, era che i fatti si potevano dimostrare con le dichiarazioni rese nelle indagini, purché riscontrate. In molti processi la prova era rappresentata dalla combinazione di più dichiarazioni accusatorie, rese in fase d'indagine, e di altri riscontri. Divenendo inutilizzabili le dichiarazioni, restavano solo i riscontri! Con l'impossibilità per i giudici di affermare responsabilità evidenti, ma a livello processuale indimostrabili.

Le modifiche processuali intervenute a processi in corso hanno comportato anche evidenti disparità di trattamento. I primi soggetti che avevate indagato hanno chiesto quasi tutti di patteggiare per uscire di scena alla svelta e senza clamore, mentre se non avessero patteggiato probabilmente sarebbero usciti indenni dal processo, grazie al cambiamento della legge.

Prima del 1997 la stessa previsione sull'efficacia della prova che facevano i pubblici ministeri la facevano anche i difensori degli imputati. In centinaia hanno patteggiato: quelli di loro che non erano coinvolti da prove documentali sufficienti da sole a dimostrarne la responsabilità certamente non l'avrebbero fatto se avessero immaginato il cambiamento delle regole a processo in corso. Succedeva molto spesso che i corruttori (di solito imprenditori), arrestati o comunque scoperti grazie alle dichiarazioni di altre persone coinvolte nelle indagini, ammettessero di avere pagato il pubblico funzionario e preferissero definire subito la propria posizione, patteggiando o ricorrendo al giudizio abbreviato, con forti sconti di pena dovuti a tale scelta ed evitando la pubblicità del dibattimento. In tanti si sono affrettati a patteggiare senza troppo clamore, compresi molti dirigenti di primarie aziende. Se avessero saputo delle modifiche legislative non avrebbero ammesso niente e, come tanti altri, avrebbero affrontato il dibattimento e sarebbero andati, con gran probabilità, esenti da pena.

Penso ancora ai numerosi patteggiamenti del primo periodo di Mani pulite, che facevano risparmiare alla collettività gli alti costi del dibattimento, in termini di tempo e di denaro...

Anche a noi non dispiaceva la scelta di ricorrere a riti alternativi al dibattimento, come il patteggiamento, quando i limiti di pena lo consentivano, in modo da definire la posizione del singolo imputato subito: si chiudeva un procedimento con la conferma dell'ipotesi accusatoria, con pene sì più basse, ma immediate e sicure. Molto più frequentemente, ai riti alternativi ricorrevano i corruttori piuttosto che i corrotti. Questi ultimi nella maggior parte dei casi andarono a dibattimento, con le conseguenze che abbiamo visto, dovute a modifiche legislative sopravvenute.

Condanne anche pesanti sono venute meno in secondo grado o in Cassazione. Le persone chiamate a dire di nuovo, in dibattimento, quel che avevano già detto nelle indagini, il più delle volte si sono avvalse della facoltà di non rispondere. Spesso con la loro legittima scelta di rimanere in silenzio hanno evitato la condanna (o la conferma della condanna già emessa nei gradi precedenti) delle persone con le quali avevano commesso il reato, reato in ordine al quale avevano ammesso la loro personale responsabilità e chiesto che venisse loro applicata la pena.

Non pensi che la legge fu una reazione compatta della classe politica di fronte ai processi nati con Mani pulite e che vedevano coinvolti personaggi di primo piano?

Può anche essere. Oppure può essere che il mondo politico sia stato un po', diciamo così, distratto, un po' superficiale. Abbiamo già parlato del fatto che si sarebbe potuta trovare una soluzione che, invece di negare il contraddittorio, permettendo a chi aveva parlato nelle indagini di tacere davanti al giudice, lo consentisse. Ti pare che si sia trattato di una specie di autotutela della politica nel suo complesso? Se pensi che ci si possa essere spinti a tal punto in questo caso, potresti pensarlo anche per altre situazioni, del resto.

Veniamo alle tue indagini su gravi episodi di corruzione di giudici romani, per i quali vi sono poi state condanne definitive. Il processo Imi-Sir, nell'ambito del quale fu inoltrata la richiesta di arresto, respinta, nei confronti dell'onorevole Cesare Previti, si è concluso nel 2006 con una condanna definitiva a sei anni dello stesso Previti.

Cesare Previti è stato condannato per il caso Imi-Sir e poi per il Lodo Mondadori.[13] E quando il gip di Milano chiese alla Camera il suo arresto,[14] la richiesta fu respinta con i voti determinanti dell'allora maggioranza di centro-sinistra, alla quale non apparteneva l'onorevole Previti.

Più in generale, credi che la produzione legislativa, coeva e successiva a Mani pulite, abbia debilitato complessivamente la giustizia penale in Italia?

Direi di sì, soprattutto perché la risposta penale è stata ammorbidita per i reati che, solitamente, sono canali per l'emersione della corruzione: l'abuso d'ufficio[15] e, soprattutto, il falso in bilancio.[16] Molto spesso, è indagando su quest'ultimo reato che emergono le tangenti pagate con i denari che si sono fatti sparire dai conti della società e si sono accumulati all'estero. E succede che partendo da un abuso d'ufficio si scopra una corruzione. Ma non ci sono stati soltanto gli interventi su specifici reati. La regolamentazione dei termini di prescrizione è stata rivista,[17] ed il risultato è stato quello di diminuirli, anche significativamente, per i reati tipici di Tangentopoli. E di aumentarli, invece, per una serie di reati di minore gravità e, in taluni casi, per i reati commessi da recidivi. Con il risultato che la prescrizione ha operato molto più facilmente per i reati da «colletti bianchi» e che, nello stesso tempo, si è marcata ancor di più la doppia velocità della giustizia penale, sovente rapida nei confronti dei reati «da strada» e spesso fuori tempo massimo per i reati economico-finanziari e per quelli contro la Pubblica amministrazione.

Ricolleghi tutto questo, in qualche modo, anche a Mani pulite?

Dopo l'emersione del sistema della corruzione (perché negli anni Ottanta e all'inizio degli anni Novanta la corruzione era per davvero sistematica) avvenuta con Mani pulite, la politica e, in generale, il Paese hanno avuto la possibilità di scegliere tra due alternative: introdurre misure per ridimensionare la devianza, la violazione delle leggi; o introdurre misure che avessero l'effetto di arginare l'intervento della magistratura. Buone o cattive che siano state le intenzioni, mi pare che il risultato penda fortemente verso la seconda alternativa.

Mi è rimasta molto impressa la tua espressione, che personalmente condivido, secondo la quale la giustizia penale, di fronte ad episodi corruttivi ampiamente diffusi, come in Italia, e alla debilitazione della repressione penale operata attraverso discutibili riforme processuali e sostanziali, sia una « macchina per macinare l'acqua ». Cioè, in definitiva, inadeguata.

La risposta penale è, teoricamente, efficace quando la violazione della regola è l'eccezione. Quando invece la normalità è la devianza, il sistema di controllo è impotente, inefficace, e corre il rischio di creare addirittura ingiustizia non riuscendo a verificare adeguatamente tutte le situazioni. In Cassazione è capitato più di una volta che la sezione della quale facevo parte – la quarta – potesse decidere i ricorsi soltanto pochi giorni prima che maturasse la prescrizione. In quei casi, quando si annullava la sentenza, il risultato era che il reato ineludibilmente si prescriveva, indipendentemente dall'accertamento di responsabilità penali.

Hai fatto il magistrato per decenni, hai applicato due diversi codici di procedura, hai ricoperto le funzioni più varie: giudice di tribunale, giudice istruttore, pubblico ministero, consigliere di Cassazione. Sei stato anche consulente delle commissioni parlamentari in tema di terrorismo e mafia. In estrema sintesi, quali ritieni che siano, oggi, le priorità della giustizia penale in Italia?

Io ho un'idea poco tradizionale dell'intervento penale. Credo che la pena, il castigo, il carcere non siano la soluzione dei problemi della giustizia italiana.

La cultura, non soltanto del nostro Paese, è ancorata alla convinzione che chi ha commesso un reato debba essere

« retribuito » con la pena, la sofferenza: chi ha fatto il male deve essere pagato con il male. Ma punire, infliggere il male in risposta alla trasgressione, in effetti legittima il male. È un po' come quando si dice a un ragazzo: smetti di picchiare i tuoi compagni perché se no ti prendo a sberle. Si legittimano le sberle. Il tema è molto delicato e complesso, e non può essere affrontato compiutamente in questa sede. Qui occorre però sottolineare che la risposta alla devianza dovrebbe essere da una parte preventiva, dall'altra riconciliativa; portare, come dice la Costituzione, alla « rieducazione » (uso le virgolette perché oggi forse sarebbe meglio dire « recupero ») di chi si è allontanato dalla società. Perché ci si arrivi ci si dovrebbe incamminare verso un rivolgimento culturale molto lontano dall'esser realizzato. Un rivolgimento nel quale, tra l'altro, funzionino livelli diversi di responsabilità, antecedenti a quella penale: la responsabilità politica, quella amministrativa, quella professionale, quella sociale. Anche per questa mia convinzione ho lasciato la magistratura e deciso di seguire un percorso diverso. Se invece volessimo trovare, nell'immediato, soluzioni per far funzionare meglio il processo, le mie indicazioni riguarderebbero regole, mezzi, organizzazione e numero degli avvocati. Bisogna cambiare le regole del processo, eliminando quelle garanzie formali che servono solo a renderlo lungo; dotare i giudici di strumenti effettivi (non tanto le fotocopiatrici e cose del genere, quanto persone che li coadiuvino); organizzare adeguatamente gli uffici giudiziari, ridurre drasticamente il numero degli avvocati. Non sarebbero interventi difficili: se non si attuano è perché dietro ci sta una cultura molto diffusa in tutti gli strati della cittadinanza, secondo la quale se la giustizia funziona male non è poi un gran danno, anzi. Non potrebbe essere altrimenti in un Paese in cui la devianza è così diffusa che ogni anno giungono alle procure della Repubblica quasi tre milioni di notizie di reato.

E infatti si parla anche di obbligatorietà dell'azione penale soltanto sulla carta, visto che è impossibile per il magistrato dare seguito a tutte le notizie di reato che giungono.

Il tema dell'obbligatorietà dell'azione penale ci porterebbe troppo lontano, richiederebbe troppo tempo. Molto sinteticamente posso dirti che è funzionale all'attuazione del principio di uguaglianza davanti alla legge e alla realizzazione della indipendenza della magistratura, entrambi cardini della nostra Costituzione. Credo anche io che non sempre la prescrizione dell'obbligatorietà sia nei fatti osservata in ogni sede giudiziaria, perché se i procedimenti sono troppi, e le strutture insufficienti, è difficile riuscire a seguirli tutti. Però la mia opinione è che se non funziona bisogna trovare il sistema per farla funzionare, e non eliminarla.

Il cambiamento culturale, però, è per definizione soluzione di lungo periodo. Nell'immediato invece?

Nell'immediato è comunque necessario procedere a una umanizzazione del carcere. Poi intervenire sul processo, sui mezzi, sull'organizzazione, sul numero degli avvocati, come ti dicevo prima. Poi rivedere i reati, ed eliminare quelli assolutamente inutili (per capirci, mi sembra assurdo che si faccia un processo penale per il caso in cui sia stata aumentata la volumetria di un appartamento attraverso la chiusura di un balcone, quando sarebbe sufficiente rimuovere la chiusura e far pagare al proprietario il disturbo per averla scoperta ed eliminata). Poi rafforzare le misure interdittive (per esempio, se un postino ruba l'assegno che sta nella raccomandata, bisogna che smetta di fare il postino; se il vigile urbano fa la spesa gratis in cambio dell'omissione del controllo della licenza dell'ambulante, deve smettere di fare il vigile urbano: si faccia fare ad entrambi – postino e vigile – un lavoro che li tenga lontani dalle tentazioni). Lo stesso dovrebbe valere per chi svolge funzioni politiche.

Infine, investire da subito tanto, ma davvero tanto, sull'educazione, la formazione dei giovani cittadini.

ROGATORIE, ISPEZIONI, PROCEDIMENTI DISCIPLINARI E DENUNCE

Fin dall'inizio dei processi originati dall'indagine di Mani pulite ti sei scontrato duramente con il mondo politico per le rogatorie internazionali. Ben presto le vostre indagini, nonostante il buon rapporto con molti colleghi stranieri – penso all'allora procuratore del Canton Ticino Carla Del Ponte –, hanno dovuto fare i conti con la burocrazia dei ministeri.

Le rogatorie internazionali nelle indagini sulla corruzione sistematica, come quella scoperta tramite Mani pulite, erano spesso essenziali perché molti dei pagamenti illeciti a esponenti di partito o a funzionari pubblici transitavano su conti esteri. E spesso all'estero venivano costituiti i fondi per i pagamenti. Ad esempio, un'azienda italiana creava una società all'estero coprendosi dietro un fiduciario, e quest'ultima emetteva fatture a carico della società italiana per operazioni inesistenti. In tal modo la società italiana trasferiva, pagando le fatture, denaro all'estero, e creava così dei fondi neri, non registrati a bilancio. Il denaro era poi utilizzato per pagare, sempre su conti esteri, le tangenti ai destinatari. Trovandoci spesso ad operare in un simile contesto, era fondamentale acquisire all'estero – tramite appunto la rogatoria – la prova delle transazioni finanziarie: succedeva che da dichiarazioni o da documenti risultasse la titolarità di un conto estero da parte di chi pagava o di chi riceveva. Occorreva avere riscontro del pagamento e, per avere la documentazione, si chiedeva assistenza ai magistrati del luogo. Molte volte accadeva che dalla documentazione ricevuta emergessero altri pagamenti illeciti, anche a decine. Alle rogatorie noi del pool siamo ricorsi centinaia di volte e, quasi sempre, era una specie di battaglia. Il ministero di Grazia e Giustizia, dal quale le rogatorie devono passare, si muoveva raramente con rapidità, il ministero degli Esteri si disinteressava spesso di come andavano le nostre richieste. Gli Stati ai quali le rogatorie erano indirizzate adottavano, ad andar bene, procedure così lunghe e defatiganti che la risposta arrivava dopo anni; ad andar male, negavano di darci assistenza con motivazioni singolari (ci è stato detto anche che la corruzione è un delitto « politico ») o, addirittura, non rispondevano proprio. Così stando le cose, sarebbero stati necessari interventi diplomatici del governo italiano per sollecitare il rispetto degli accordi internazionali e per far invitare i magistrati stranieri alla collaborazione con i propri colleghi italiani. Tutto ciò avvenne soltanto eccezionalmente e soltanto dietro nostre formali sollecitazioni. Con grande pregiudizio per le indagini. Questo atteggiamento non ci sembrava casuale: a volte si aveva l'impressione che si volesse evitare che le indagini proseguissero. Una delle ragioni che, nel febbraio 1998, mi spinse a rilasciare un'intervista al *Corriere della Sera* che avrebbe fatto scalpore [il testo è in appendice al presente volume, nella sezione *Documenti*, *N.d.R.*], consisteva nel tentativo di smuovere l'inerzia del governo in materia di assistenza giudiziaria internazionale. Le indagini, dicevo, risentivano spesso in modo determinante della lentezza delle risposte alle nostre rogatorie, risposte che magari arrivavano quando il reato era già prescritto.

Oltre all'atteggiamento non collaborativo in tema di rogatorie, il pool di Milano e tu in prima persona siete stati oggetto, a partire dal 1994, di ispezioni ministeriali, procedimenti disciplinari, addirittura di denunce dalle quali sono scaturiti procedimenti penali. Avrai certamente avuto l'impressione di essere sotto attacco, e che certe misure fossero usate in modo strumentale. Ogni volta che le indagini o i processi segnavano svolte importanti, il ministro di Grazia e Giustizia di turno apriva procedimenti disciplinari o inviava gli ispettori in procura.

Non ricordo se esistesse una stretta relazione tra le svolte nelle indagini e le iniziative contro di me. Posso dirti però che per venti anni, dal '74 al '94, sono sempre stato considerato un « bravo ragazzo ». Mai un appunto, soltanto apprezzamenti. Dall'ottobre del 1994, invece, a partire dalla prima ispezione ministeriale presso la procura di Milano, è stato un susseguirsi ininterrotto di ispezioni e di procedimenti disciplinari, con tutto quello che ciò significa, se non altro per la necessità di difendersi. E lo stesso è successo ai miei colleghi.

Il primo « interessamento » del ministero di Grazia e Giustizia nei confronti della procura di Milano è rappresentato dall'ispezione disposta dall'allora guardasigilli Alfredo Biondi nell'ottobre del 1994. A seguito dei vari esposti presentati, tra gli altri, dal gruppo Fininvest e da uno dei principali indagati nell'ambito dell'indagine sulla guardia di finanza (il generale Cerciello) e dopo le interrogazioni parlamentari di Vittorio Sgarbi, il ministro aveva ordinato agli ispettori « di procedere ad una accurata inchiesta, individuando eventuali comportamenti dei magistrati milanesi rilevanti sul piano disciplinare e/o su quello della incompatibilità ambientale ».[18]

Si trattava di un esame « generico » delle nostre condotte,

ad ampio raggio. Come se si dovesse trovare per forza qualcosa.

Antonio Di Pietro lasciò il pool poco dopo, in dicembre. La sua decisione aveva qualche relazione con l'ispezione?

Credo che l'ispezione abbia influito. La notizia della sua decisione mi arrivò del tutto inattesa, giusto nel corso dell'ispezione, e per me era piuttosto incomprensibile che avesse deciso di lasciare, vista la determinazione che fino a quel momento aveva dimostrato nelle indagini. Mi viene da pensare che Antonio abbia temuto che alcune sue disattenzioni, assolutamente irrilevanti sotto il profilo penale, sarebbero state usate per delegittimare lui e, di conseguenza, tutte le indagini.

L'ispezione per voi si chiuse più che bene, con gli ispettori che confermarono la piena legittimità del vostro operato...[19]

Si concluse, mi vien da dire, fin troppo bene. Ragion per cui il successivo ministro (l'onorevole Filippo Mancuso) decise di promuoverne subito un'altra! Non era ai suoi occhi concepibile che non si fosse trovato niente di scorretto, nonostante una minuziosa analisi del nostro operato. Il nuovo ministro sospettava che l'attività degli ispettori inviati dal precedente guardasigilli Biondi fosse stata da noi condizionata e che gli ispettori fossero stati « intimiditi ». Tuttavia, anche la nuova ispezione constatò l'« estrema correttezza dell'azione dei magistrati ». Ciò non impedì la proliferazione di procedimenti disciplinari e penali di ogni sorta nei miei confronti negli anni successivi.

I cinque procedimenti disciplinari promossi nei tuoi confronti ti avevano seriamente preoccupato?

Sono stato oggetto delle cure dei ministri di Grazia e Giustizia di vari schieramenti che si sono succeduti, sia di destra che di sinistra. In ogni occasione ho pensato che non ci fosse nessun elemento a mio carico, voglio dire che le contestazioni che mi muovevano non avessero alcun fondamento. Di conseguenza non è che mi preoccupassi più di tanto. Sicuramente si preoccupava invece il mio difensore, che credo non fosse del tutto certo che l'assenza di fondamento delle accuse si sarebbe trasformata, sicuramente, in assoluzione.[20]

A partire da Mani pulite, per te ci furono anche molteplici procedimenti penali per reati che andavano dall'attentato ad organo costituzionale, all'abuso d'ufficio, al falso per soppressione; e ancora: interruzione di ufficio pubblico, usurpazione di funzioni pubbliche e altro!

Tutti i procedimenti si sono conclusi con l'archiviazione, cioè nel corso delle indagini, senza che mai sia stato disposto nei miei confronti il processo. Però sono stato iscritto nel registro degli indagati di Brescia non so quante volte.

Il 15 maggio del 2001, il gip bresciano Carlo Bianchetti dispone l'archiviazione del procedimento per attentato ad organo costituzionale scaturito dall'esposto di Silvio Berlusconi presentato nel 1998. Nell'atto i pm del pool erano accusati di un disegno eversivo preordinato a porre fine alla carriera politica del denunciante, iniziata nel 1994. Nell'ordinanza di archi-

viazione del gip, al contrario, si legge che le indagini della magistratura sul gruppo Fininvest erano state precedenti, e non successive, alla « discesa in campo », nella primavera del 1994, di Silvio Berlusconi.

A distanza di quasi venti anni dai fatti, cosa pensi del tormentone diffuso nel mondo della politica, per cui ogni indagine viene vista come una « persecuzione giudiziaria a fini politici »?

Secondo me per verificare se un'indagine è ingiustificata o addirittura pretestuosa bisognerebbe guardare al suo contenuto, vedere cioè che cosa risulta dalle carte, dalle testimonianze, da quel che emerge nei confronti del personaggio pubblico, per verificare se le contestazioni che gli vengono mosse sono attendibili o no. Quando si afferma l'esistenza di una persecuzione giudiziaria a fini politici si pone una pregiudiziale che impedisce di entrare nel merito della questione. E si rivolge ai magistrati cui è attribuita la persecuzione l'accusa forse più grave di tutte, quella di essere parziali, di strumentalizzare la propria funzione, di stravolgerla a fini propri. Può essere, e qualche volta succede, che un magistrato sbagli. Per correggere gli errori esistono i rimedi processuali: la strada seguita da chi afferma le « persecuzioni », in modo apodittico, gratuito e non dimostrato non è mai tesa a far rilevare l'eventuale errore, ma è diretta a contestare la legittimità di chi indaga. Non si dice « non è vero perché la prova manca, perché è insufficiente, perché si è equivocato », si dice (o meglio, si insinua) « non è vero perché c'è persecuzione ».

Nel 2003 tu e Ilda Boccassini venite accusati di aver soppresso o non depositato atti utili alle difese degli indagati nell'ambito della gestione dei processi milanesi Imi-Sir e Sme-Ariosto, dei quali vi stavate occupando. Anche questo procedimento si conclude con l'archiviazione, disposta il 31 luglio 2004 dal gip bresciano Elisabetta Pierazzi. Alcuni dei reati ipotizzati dai denuncianti sono definiti dal gip « manifestamente stravaganti ». Quali sono i tuoi ricordi e le tue sensazioni attuali in proposito?

Sensazioni particolari oggi non ne ho. Si tratta di cose passate, che allora avevano generato una grande delusione e la constatazione di come fosse veramente difficile fare il mio lavoro senza subire di continuo iniziative di quel genere. Ora, semmai, sono preoccupato per i riflessi che quella serie considerevole di azioni disciplinari e denunce penali possa aver avuto sull'approccio alla professione da parte di magistrati non particolarmente versati a coltivare l'indipendenza che dovrebbe essere intimamente connessa con il loro ruolo. Un messaggio qualcuno sicuramente l'ha ricavato da tutte quelle iniziative: che se si indaga su certi temi non è facile avere una vita tranquilla.

Ritieni che tanti procedimenti e indagini, nonostante si siano sempre conclusi positivamente, ti abbiano ingiustamente screditato davanti all'opinione pubblica?

Credo che non abbiano « spostato » molto. Chi stava dalla parte delle indagini ne è stato irritato; chi era contro ne è stato gratificato. Piuttosto, a proposito del « credito » che si vantava da parte della pubblica opinione, è necessaria una riflessione ulteriore.

Dopo la prima fase di entusiastico sostegno, Mani pulite ha cominciato a dare fastidio a una parte non irrilevante della collettività. Come ti ho detto, la scoperta di corruzioni diffuse capillarmente tra persone « normali » ha fatto sì che parte delle stesse persone che all'inizio, sopra le righe, inneggiavano a Mani pulite, progressivamente abbia incominciato a sentirsi minacciata dalle indagini, o comunque a sentire un disagio per gli illeciti quotidiani (la prestazione in nero, l'evasione fiscale, l'abuso edilizio, i soldi all'estero). Chi aveva questo atteggiamento interiore non era certo interessato a verificare la fondatezza delle accuse mosseci da ogni parte, sia a livello penale che a livello disciplinare. Anzi, le notizie delle nostre « malefatte » erano estremamente consolatorie, e perciò venivano accettate a priori, perché faceva molto comodo pensare che fossimo trasgressori tanto quanto (anzi di più di) loro.

Ritieni che la valanga di procedimenti penali e disciplinari subiti ti abbia distolto dall'attività di indagine?

No. Non mi ha distolto dalle indagini, anche se mi costringeva a fare gli « straordinari » per stare dietro contemporaneamente alle indagini che conducevo, di per sé assai complesse, e alle iniziative contro di me. Temo però che il maggior effetto che il clamore suscitato dalle accuse e dai procedimenti disciplinari nei confronti miei e dei miei colleghi ha avuto è l'aver indirizzato altri magistrati ad evitare di occuparsi di questioni che potessero complicare la vita personale e professionale.

Credo che sia comprensibile. Se succede tutto questo a Gherardo Colombo, che è esperto, conosciuto anche dall'opinione pubblica, che è comparso in televisione e sui giornali, cosa può pensare un magistrato al primo incarico che si trova di fronte ad un'indagine che coinvolge personalità importanti?

Credo che anche i magistrati preferiscano vivere serenamente che non in continua apprensione. Quindi, inconsapevolmente o meno, i procedimenti, gli attacchi di parte dei media contro di me (e contro altri colleghi in quel periodo, non solo a Milano) hanno favorito, in seguito, il ricorso a una certa prudenza quanto all'andare a vedere cosa si trova nei cassetti del potere, anche se, per fortuna, non da parte di tutti.

Hanno favorito, insomma, la celebrazione del principio (incompatibile con un moderno stato democratico) per cui chi sta al vertice della piramide « può » e chi sta alla base della piramide « deve »; ove il magistrato deve collaborare alla conservazione di questo sistema, girandosi ossequiosamente dall'altra parte. In altre parole, la concezione dei rapporti tra politica e magistratura che era andata per la maggiore in Italia fino a Mani pulite e della quale io avevo avuto esperienza personale e diretta nelle mie indagini degli anni Ottanta sulla P2 e sui fondi neri dell'Iri.

Mentre tu eri tra due fuochi – indagini delicate da una parte e procedimenti disciplinari e penali dall'altra –, quale è stata la reazione complessiva della magistratura? Ti sei sentito sostenuto dai tuoi colleghi?

Anche l'atteggiamento dei colleghi, come quello della cittadinanza, è cambiato nel corso delle indagini. All'inizio poche voci critiche, soprattutto da parte di Magistratura democratica, sui temi delle garanzie. Temi sui quali mi sono misurato con più di una persona. Via via che il tempo passava, e l'atteggiamento generale cambiava, cresceva la tendenza, all'interno del resto della magistratura, a considerarci dei grandi rompiscatole, che incrinavano il quieto vivere non soltanto con il provocare reazioni da parte del mondo politico nei confronti di tutta la magistratura, ma addirittura con l'arrestare alcuni colleghi (con chiara violazione del principio consolidato secondo cui «cane non mangia cane»). Certo, non tutti i magistrati la pensavano così, ma non erano pochi quelli che lo facevano.

C'era anche un altro aspetto, che sconto talvolta ancora oggi. Media, giornali, televisioni, le maldicenze di qualche collega (c'è stato chi, coinvolto nelle nostre indagini, ha scritto libri raccontando cose false su di me) hanno creato, anche all'interno della magistratura, una mia immagine per nulla coincidente con chi effettivamente sono. Sarei stato, secondo questa immagine non vera, una specie di cerbero giustizialista, incurante dei diritti delle persone, delle garanzie degli indagati, per di più parziale e «politicizzato» (hanno iniziato a chiamarci toghe rosse dopo un paio d'anni dall'inizio delle investigazioni). Ne ho avuto una dimostrazione molto precisa quando, dopo la fine delle indagini e dei processi, ho ottenuto il trasferimento come giudice alla corte di cassazione (era, per la cronaca, il 2005). Era diventato quasi un rito, non appena conoscevo un nuovo collega e scambiavo con lui qualche idea, o partecipavo con lui ad un'udienza, quello di sentirmi dire con una certa sorpresa che ero una persona completamente diversa da come mi avevano immaginato.

LA QUESTIONE DELLA BICAMERALE E LA FINE DI MANI PULITE

L'intervista che hai rilasciato a Giuseppe D'Avanzo, pubblicata il 22 febbraio 1998 sul Corriere della Sera *[il testo è in appendice al presente volume, nella sezione* Documenti, N.d.R.*], ha scosso tutto il mondo politico italiano. In sostanza, criticavi la Commissione bicamerale, presieduta da Massimo D'Alema, accusandola di essere figlia della « società del ricatto ». Ti riferivi a quella che veniva fatta passare per esigenza di limitare un preteso uso ideologico del potere giudiziario da parte di singoli esponenti della magistratura?*

Forse esigenza non è la parola esatta. Io parlerei di motivo. Non credo che cercare di applicare la legge possa essere considerato « uso ideologico del potere giudiziario », come dici tu. Si cercava di applicare la legge, nei confronti di tutti allo stesso modo, nel rispetto della Costituzione (la citazione dell'articolo 3 non è mai superflua, a mio parere). Il motivo era, secondo me, diverso. Era quello di limitare l'indipendenza della magistratura, perché infastidiva il controllo che questa, o meglio qualche ufficio all'interno di questa, esercitava nei confronti di chi, tra coloro che erano rivestiti di funzioni istituzionali, era indiziato di aver usato in modo penalmente illecito le proprie funzioni. E siccome queste persone non erano poche... In modo inconfessato, era (ed è) piuttosto estesa la convinzione che l'esercizio della politica necessiti di una certa elasticità quanto al rispetto delle leggi... Ecco il tentativo di limitare le capacità del controllo.

In uno Stato di diritto la magistratura deve essere indipendente. Devono essere indipendenti i singoli magistrati (i giudici sono soggetti soltanto alla legge, dice l'articolo 101 della Costituzione), perché possano esercitare una giurisdizione diffusa e per questo non condizionabile dagli altri poteri. Gli errori, i fraintendimenti, le eventuali forzature di singoli magistrati sono rimediabili attraverso ben tre gradi di giudizio, attraverso il riesame da parte di giudici superiori dei provvedimenti che più incidono sulla libertà delle persone; gli illeciti sono sanzionabili da parte del Consiglio superiore della magistratura, quelli più gravi dalla giustizia penale, cui i magistrati sono sottoposti come qualsiasi altro cittadino. La Costituzione, nel garantire l'indipendenza dei giudici e dei pubblici ministeri in applicazione del principio della divisione dei poteri, ha introdotto meccanismi precisi e delicati, difficilmente modificabili senza alterare gli equilibri tra i poteri necessari per la compiutezza della democrazia. Se, come poteva succedere, qualche cosa, di fatto, non funzionava a dovere, si sarebbe dovuto rimediare a quei malfunzionamenti piuttosto che alterare gli equilibri costituzionali.

In che cosa consistevano le limitazioni poste dal progetto di riforma della giustizia noto come « bozza Boato »?

È passato tanto tempo, credo sia difficile entrare nel dettaglio della bozza (e cioè del testo di modifica della Costituzione), tra l'altro per come era stata elaborata fino al giorno prima della mia intervista. Posso dirti in generale che spostando pesi all'interno e all'esterno dell'ordine giudiziario la bozza limitava l'indipendenza della magistratura.

Per quale motivo, a tuo parere, interventi di quel tipo avvennero proprio in quel periodo?

Fino alla caduta del Muro di Berlino, avvenuta a fine 1989, era praticamente impossibile investigare sulle persone che avevano a che fare con il potere. La corrispondenza culturale tra la politica, la finanza, le grandi proprietà, una parte consistente (in particolare i vertici) della magistratura provocava il risultato che in certi cassetti non si poteva, non si doveva andare a guardare. L'articolo 3 della Costituzione (eccolo citato nuovamente) era sostanzialmente disapplicato. I parlamentari erano protetti non dall'articolo 68 della stessa Costituzione, che prevedeva allora l'autorizzazione a procedere per proseguire un'indagine nei confronti di deputati e senatori, ma dall'uso che di questo articolo si faceva: in ossequio alla estesa convinzione che i politici dovessero andare esenti dal controllo giurisdizionale, le richieste di autorizzazione venivano sempre, o quasi sempre, respinte. La corruzione era enormemente diffusa già prima della caduta del muro, ma non la si poteva scoprire. Cade il muro, e si verifica un certo disorientamento nei blocchi di potere esistenti, si incrinano le convinzioni che giustificavano quell'atteggiamento mentale, e per la prima volta nella storia della Repubblica le indagini vanno avanti, coinvolgono migliaia di persone, compresi vari ministri, parlamentari, ex presidenti del Consiglio. Si tratta di una situazione difficilmente tollerabile, perché scompagina il modo di intendere precedente, contraddice convinzioni profonde. Poco per volta il potere, che aveva subito quel disorientamento, si orienta di nuovo, e cerca, senza neanche aver bisogno di esserne consapevole, rimedi al nuovo contesto.

Capisco. Del resto, a sei anni dall'inizio di Mani pulite giungere a una forma di pacificazione del Paese sembrava necessario per poter vivere, come diceva D'Alema, in un Paese finalmente « normale ». Questo intento richiedeva un compromesso tra le forze politiche, basato anche su un ridimensionamento del potere giudiziario, giudicato troppo rilevante. La tua posizione (o quella del pool nel suo complesso) non rappresentava in realtà un tentativo di mantenere un potere di tipo castale?

Se posso dire, è una domanda che non capisco. O mi contesti quello che ti ho detto finora, oppure non puoi chiedermi se la mia posizione era un tentativo di « mantenere un potere di tipo castale ». Io non sono disponibile a ragionare sul piano dell'astrazione senza tener conto della concretezza dei fatti. Mi dici in che cosa consisteva il « potere di tipo castale » e posso entrare in relazione con la domanda, ma se non me lo dici non posso risponderti. Il problema era quello della diffusione della corruzione e per molti, invece, sembra che fosse quello della scoperta della corruzione.

Nell'intervista al Corriere della Sera *tu affermi che la storia d'Italia dagli anni Quaranta in poi sarebbe stata pesantemente condizionata dai rapporti tra potere politico e malaffare, in un mix di ingerenze mafiose, stragi impunite e loschi affari di ogni genere. A mio parere questo è un errore dal punto di vista storico. Io parlerei piuttosto di concause: quel periodo è stato caratterizzato da una forte ripresa economica, soprattutto nei primi decenni, da una diffusa crescita del benessere, ottenuto anche grazie al movimento dei lavoratori, e da numerosi altri elementi tra cui, indubbiamente, anche i rapporti scorretti tra potere politico e mondo economico. Ma ridurre tutto a quest'ultimo fattore mi sembra frutto di una visione parziale.*

Certo che si è progredito! Guardiamo però a che punto ci troviamo ora, e cerchiamo di valutare quel progredire così disordinato, così irrispettoso, tante volte, del solito articolo 3 della Costituzione, dell'articolo 9 (tutela del paesaggio e del patrimonio storico e artistico), dell'articolo 37 (parità di genere nel campo del lavoro), dell'articolo 77 (requisiti per l'emissione di decreti legge), per citare i primi che mi vengono in mente; quel progredire così frequentemente accompagnato dalla tolleranza verso i poteri criminali e i poteri occulti; così condizionato dall'uso sviato delle funzioni pubbliche; bene, se cerchiamo di valutare tutto questo ci accorgiamo di quanto il peso di una concezione delle relazioni interpersonali basata sull'applicazione di regole nascoste, antinomiche a quelle formali, sia stato rilevante. I cittadini italiani stanno ancora aspettando di conoscere di chi siano state le responsabilità di tante stragi, da piazza della Loggia fino ad Ustica; ci si interroga ancora su tanti aspetti del sequestro e dell'omicidio di Aldo Moro; vengono scarcerati dopo tanti anni coloro che erano ritenuti fino a poco tempo fa gli autori della strage di via D'Amelio, perché sembra che non siano stati loro (a proposito, dov'è l'agenda di Paolo Borsellino?), e potrei proseguire. Per quel che riguarda la mia esperienza personale, la P2, i cosiddetti fondi neri dell'Iri, cosa mi dici?

Quindi tu nel 1998 non condividevi l'idea di una «pacificazione» accompagnata eventualmente da un'amnistia?

Vedi, la ricerca della pacificazione non doveva ignorare l'esistenza di un conflitto di fatto presente, un conflitto che riguardava la base del vivere insieme, la condivisione delle regole formali, della Costituzione. La necessità di tener conto del conflitto costituiva il presupposto per il suo superamento. La strada da percorrere non era quindi quella dell'amnistia anche perché, almeno così sembrava, non era determinante la punizione ma la scoperta. Era l'opacità, erano le cose nascoste a impedire la composizione del conflitto. Era il sommerso, era l'illecito conosciuto soltanto negli ambienti nei quali era maturato a non consentire la trasparenza necessaria per il funzionamento della democrazia. L'amnistia era il contrario di quel che serviva, perché avrebbe definitivamente tenuto nascosto quel che sarebbe stato necessario scoprire.

Un giudizio così radicale evidentemente nasce da esperienze molto negative.

In effetti, già dopo due, tre anni dall'inizio di Mani pulite le difficoltà diventavano sempre più marcate, soprattutto quando le prove stavano all'estero. Non ricevevamo l'assistenza necessaria da parte dei ministeri che avrebbero dovuto, per compito istituzionale, agevolare l'iter delle nostre rogatorie. La prescrizione si avvicinava in tanti casi senza che succedesse nulla, il tempo passava inutilmente, tante risposte dall'estero non arrivavano.

La tua intervista suscitò un vespaio di polemiche. Le reazioni della classe politica furono quasi tutte negative. Ti vennero mosse accuse a vari livelli, da quella di una visione troppo settoriale della storia d'Italia, a quella di voler condizionare l'attività del Parlamento, a quella, infine, relativa all'opportunità di sollevare in quel momento e in quel modo temi così scottanti... Lo stesso Massimo D'Alema, intervistato dalla Repubblica, *sminuì la portata stessa di Mani pulite dichiarando che « le inchieste di Milano hanno scoperto quello che era già noto a tutti, compresi i giornalisti e i giudici ». Eri consapevole delle conseguenze che avresti provocato?*

Il giorno dopo l'intervista fu un susseguirsi incessante di prese di posizione contro di me, e per qualche giorno i media quasi non parlarono d'altro. Francamente mi aspettavo qualche presa di posizione negativa, ma mai a quel livello. Ingenuamente mi aspettavo anche qualche risposta positiva sul merito di quel che avevo detto. Un attivarsi nel campo delle rogatorie, per esempio; perlomeno uno spunto, un inizio di discussione sulla negatività del fatto che tanta corruzione continuasse a rimanere nascosta. Per quel che mi ricordo non successe nulla di tutto questo, salvo qualche iniziativa del ministro di Grazia e Giustizia nel settore dell'assistenza giudiziaria internazionale (il ministro ritenne anche, però, di chiedere nei miei confronti un procedimento disciplinare per le affermazioni contenute nell'intervista). Dai cittadini, invece, ricevetti migliaia di messaggi di solidarietà. D'altra parte, credo tuttora che dalle mie parole non emergesse un'affermazione di generale ricattabilità da parte di tutti gli appartenenti al mondo della politica. C'erano del resto anche persone che contro quel mondo si adoperavano con grande impegno. Ma, purtroppo, a mio parere, non avevano la meglio.

Pur concordando con non pochi commentatori sulla liceità, anche da parte di un magistrato, di esprimere pubblicamente opinioni che non riguardano procedimenti giudiziari in corso, mi sento di condividere le obiezioni che ti vennero mosse all'epoca dell'intervista da Eugenio Scalfari sulla Repubblica *[il testo è in appendice al presente volume, nella sezione* Documenti, N.d.R.*]*.

Quali obiezioni?

Scalfari scriveva che « Colombo non è un ingenuo; [...] l'intervista l'ha data perché voleva darla [...]. Perché dunque l'ha fatto? [...] Quali sono stati gli effetti politici di essa? [...] Essa ha rafforzato Berlusconi che ora alza il prezzo sulla giustizia; ha rafforzato Cossiga [...] e il suo obiettivo di affondare le riforme preparate dalla Bicamerale. [...] Ha rafforzato i falchi ed i picconatori della destra e ha creato gravi difficoltà alla maggioranza di governo. È questo che voleva [...]? »

In effetti, avevo preparato una risposta alle tesi di Scalfari. Poi ho preferito tenerla nel cassetto [dove rimane tuttora, *N.d.R.*] per evitare eccessive polemiche. In quello scritto sostenevo di non pensare che tutti o la maggioranza dei parlamentari o dei componenti la Bicamerale fossero ricattati o ricattatori, ma che vi fossero persone che, coinvolte in fatti gravi, potevano far valere la loro influenza attraverso una complessa rete di rapporti personali. Mi ponevo quindi lo scopo di sollecitare una riflessione e un'indignazione sul tema, senza però uscire dal mio ruolo istituzionale. In questo senso ho rifiutato all'epoca un dibattito pubblico con D'Alema che mi era stato ripetutamente sollecitato.

Ciò non toglie che la tua « provocazione » abbia contribuito all'affossamento della Bicamerale e delle riforme che, forse, avrebbero portato una diversa e migliore prospettiva al futuro del nostro Paese.

Non credo che la strada per portare a un miglioramento del nostro Paese fosse quella di modificare la Costituzione, credo che fosse invece necessario cercare di contribuire a mettere in discussione la convinzione così generalizzata secondo la quale « il fine giustifica i mezzi ». Io penso che valga il contrario, e cioè che i mezzi devono essere adeguati al fine, altrimenti portano da un'altra parte. Detto questo, non credo proprio che la mia intervista abbia contribuito alla fine della Bicamerale. Secondo te io avrei avuto questo potere? Non ti sembra paradossale? Ma mettiamo pure che la mia intervista abbia inciso in qualche modo. Se fosse così, vorrebbe dire che la Bicamerale era così debole che si sarebbe arenata a qualsiasi soffio di vento. Per me era necessario porre il problema dell'illecito e della necessità di uscirne. Questo ho creduto di fare con la mia intervista. Evidentemente non è servita a molto.

A questo proposito lo stesso Borrelli, forse in termini un po' paternalistici, sembrò giustificare in parte la tua iniziativa sostenendo che « forse il sostituto è stato un po' radicale, ma stanti le circostanze, bisogna pur capirlo ». In definitiva, con il senno di poi rilasceresti ancora quell'intervista?

Proviamo a ragionare per davvero, perché secondo me finora non sei entrato nel merito, nella concretezza dei fatti. Ti prendo un esempio, un episodio verificatosi poco prima della mia intervista. Il gip di Milano chiede al Parlamento l'autorizzazione all'arresto dell'onorevole Cesare Previti. L'onorevole è esponente della *right wing* del Parlamento, la maggioranza è *left*. La maggioranza, o gran parte della maggioranza, a parole, è per la rigorosa applicazione della legge. La maggioranza ha 324 parlamentari su 630. I voti favorevoli all'arresto di Previti sono 248 su 610 presenti, quelli contrari 341, gli astenuti ventuno. Perché un numero consistente di parlamentari della maggioranza ha votato contro l'arresto? I casi, secondo me, possono riassumersi in questo modo. Uno: non c'erano gli elementi dimostrativi a carico, ed esisteva invece il *fumus persecutionis* (il sospetto che la nostra azione fosse persecutoria), e allora il rigetto era doveroso. Ma gli elementi dimostrativi c'erano, eccome! Due: c'era una specie di patto non scritto per evitare che qualcuno dei parlamentari potesse, in ogni caso, essere arrestato, qualunque fosse la gravità delle accuse e l'entità degli elementi che le sostenevano. Tre: c'era una sensazione diffusa, da parte delle persone che hanno votato, che magari qualche cosa su cui essere ricattabile la si aveva, da qualche parte. Escludendo l'ipotesi uno, le ipotesi due e tre sembrano diverse, ma, se ci si ragiona un po', si conclude che sono simili (quale ragione potrebbe avere il patto non scritto?). Perché il ricatto funzioni non è necessario che qualcuno agisca, lo metta in pratica, è sufficiente la consapevolezza di essere ricattabili. Giuliano Ferrara (*Micromega* 1/2002) ha detto che « per fare politica devi essere ricattabile, devi stare entro un sistema che ti accetta perché sei disponibile a fare fronte, a essere compartecipe di un meccanismo comunitario e associativo attraverso cui si selezionano le classi dirigenti. Ora la politica italiana non può perdere del tutto questa caratteristica, e il giudice che decide il livello e la soglia di tollerabilità di questi comportamenti è il corpo elettorale ». Nei suoi confronti nessuno si è lamentato con la virulenza con cui tutti, o quasi, si sono lamentati con me quando ho detto quasi la stessa cosa. Io ho detto quel che pensavo, quel che sentivo. E quel che pensavo, quel che sentivo era il risultato delle esperienze vissute. Ti ho parlato della P2, dei cosiddetti fondi neri dell'Iri, potrei parlarti dello scandalo dei petroli, della criminalità organizzata sempre più ramificata e contigua a ruoli di potere, potrei parlarti del periodo in cui sono stato consulente della Commissione parlamentare d'inchiesta sulle stragi e il terrorismo, ti ho parlato della fine che ha fatto Mani pulite. Se ho sbagliato in qualche cosa, quel qualche cosa sta nella premessa « filosofica » della mia intervista. Posto che le prove per Previti c'erano, l'alternativa non poteva che essere, per me, di due tipi: le persone (in quel caso i parlamentari) agiscono di conseguenza a quel che vedono; se non lo fanno è perché non sono libere. Se non sono libere è perché qualcuno le condiziona o loro stesse si ritengono condizionabili. E condizionabili con che cosa? Con notizie riguardanti fatti nascosti e disdicevoli. L'eventuale difetto sta, come ti dicevo, nel presupposto, perché forse non è vero che le persone agiscono di conseguenza. Possono acclamare la legalità, possono fare, a parole, della legalità una parte del loro progetto, ma le convinzioni intime non corrispondono a ciò che dichiarano. Il che, per certi versi, è ancora peggio del ricatto, perché significa perseguire liberamente, senza condizionamenti di sorta, quel che si afferma di non volere. Non pensavo all'esistenza della terza alternativa, paradossale e in effetti peggiore. Questo per spiegarti perché ho utilizzato la parola « ricatto ». Adesso ti spiego perché ho fatto l'intervista. Per rivivere la situazione devi tener conto di tutto quel che ti ho detto, poco fa, a proposito delle esperienze precedenti. Aggiungi che stavamo investigando su fatti particolarmente gravi, corruzioni di giudici, per cifre elevatissime, e che per poter proseguire le indagini, per capire che fine avevano fatto parte dei soldi, avevamo bisogno che si rispondesse alle nostre richieste di assistenza giudiziaria. Ci sono magistrati stranieri solerti, ci sono Paesi che invece menano il can per l'aia. C'è sempre qualche cosa che manca (anche se in effetti gliela abbiamo mandata), c'è sempre qualche richiesta di interpretazione e via dicendo. Io parlo delle nostre difficoltà con il nostro ministro di Grazia e Giustizia, a proposito di questi atteggiamenti stranieri, ma non succede praticamente nulla. Nel frattempo si elabora il disegno di legge (la bozza Boato), che prevede limitazioni alla indipendenza della magistratura. In quel quadro, ritengo doveroso lanciare un *warning*, richiamare l'attenzione delle persone che hanno a cuore le istituzioni e il loro assetto, delle persone che si preoccupano dei cittadini (ancora una volta l'articolo 3 della Costituzione), perché prendano posizione. Questi sono i motivi per i quali ho fatto l'intervista e l'ho fatta con quel contenuto. Se la facessi ora, cambierei qualche cosa? Difficile dirlo, forse cambierei quella parola che ha scandalizzato tanto, ma credo che sarebbe stato lo stesso, si sarebbero scandalizzati altrettanto qualsiasi parola avessi usato lasciando inalterato il contenuto complessivo.

In sostanza, ribadisci la validità del tuo intervento di allora?

Tenuto conto di quel che ti ho detto ora, sì. Io volevo mettere a fuoco due aspetti, mi premevano entrambi: la necessità che fosse mantenuto l'impianto costituzionale in tema di indipendenza della magistratura; che l'amministrazione della giustizia funzionasse richiamando ciascuno alle responsabilità che si era assunto. Credo che perlomeno da una parte della cittadinanza questi due aspetti siano stati rilevati.

Fai riferimento alla cittadinanza, quasi che considerassi il mondo della politica piuttosto sordo nei confronti dei magistrati, o perlomeno di alcuni magistrati, e di quel che dicono.

Ti racconto un episodio. Essendomi sentito diffamato, avevo sporto querela nei confronti dell'onorevole Sgarbi, il quale, nella trasmissione *Sgarbi quotidiani*, aveva affermato che io avrei in sostanza fabbricato una prova falsa nell'ambito di un procedimento penale.[21] Nel 2001 mi è capitato di leggere i verbali della Giunta per le autorizzazioni a procedere della Camera dei deputati, chiamata a pronunciarsi in merito all'insindacabilità delle opinioni espresse da Sgarbi. Mi accorsi che vi erano delle rilevanti inesattezze e quindi scrissi alla Giunta (e per conoscenza al presidente della Camera) segnalando la cosa ed inviando documentazione a supporto di quanto affermavo. Mi ha risposto, molto gentilmente, un solo componente della Giunta, quasi scusandosi perché i suoi tentativi di sollecitare un approfondimento su quel che avevo scritto erano caduti nel vuoto.

Tornando all'editoriale di Eugenio Scalfari, perché non hai mai spedito la risposta che avevi preparato?

Le cose che scrive Scalfari sono molto interessanti e per nulla superficiali. Però tu hai potuto constatare il pandemonio che è seguito all'intervista, le accuse e gli insulti da parte del mondo politico, ma anche la solidarietà da parte di tanti cittadini [si vedano, in appendice al presente volume, le *Reazioni pubbliche all'intervista*, *N.d.R.*]. In quella situazione le alternative consistevano o nel dire quel che non pensavo davvero, e non sarei stato sincero; oppure nel ribadire quel che avevo già detto, buttando altra benzina sul fuoco. Non mi sembrava il caso. La risposta a Eugenio Scalfari sarebbe stata condizionata dalla scarsa sincerità o dal rischio di provocare conseguenze ancor più negative. Ho provato ad articolarla, ma non mi ha soddisfatto e non l'ho spedita.

LA CORRUZIONE DOPO MANI PULITE

A livello internazionale, nell'ultimo quindicennio sono nate numerose iniziative per contrastare la corruzione: ricordo qui la Dichiarazione contro la corruzione e il pagamento di tangenti del 1996 da parte dell'Assemblea generale delle Nazioni Unite, la convenzione Ocse del 1997 sulla lotta al pagamento delle tangenti da parte delle imprese, la creazione, a opera della Ue, nel 2001, del Mandato di arresto internazionale, quella del Department of Institutional Integrity della Banca mondiale, e di una task force finanziaria per la lotta al riciclaggio su iniziativa del Fondo monetario internazionale.

In Italia, invece, non solo le istituzioni hanno fatto ben poco per analizzare e contrastare il malaffare, ma una serie di iniziative, quali, ad esempio, lo scudo fiscale del 2001 e, ancora peggio, quello del 2009 (una sanatoria che ha permesso il rimpatrio di capitali esportati illegalmente), possono averlo addirittura incentivato.

Esaminando i dati forniti dall'organizzazione internazionale Transparency International, si può notare come all'interno del nostro Paese figurino indici più elevati di corruzione nelle regioni meridionali. D'altronde è stato ampiamente dimostrato che tali indici risultano inversamente proporzionali a quelli del funzionamento delle istituzioni, del livello d'istruzione, della creazione di nuove imprese e della concorrenzialità del sistema produttivo. In definitiva, non deve meravigliare il fatto che esista una correlazione tra arretramento del Sud del Paese e maggiore diffusione di fenomeni corruttivi (che ne costituiscono sia la causa che l'effetto). Va ricordato, a tale proposito, come i numerosi interventi a pioggia effettuati a favore del Mezzogiorno abbiano di fatto comportato una minore efficienza allocativa e una riduzione dello stesso tasso di crescita. Infatti, anziché negli investimenti, le risorse sono state prevalentemente indirizzate a favore della spesa corrente, contribuendo così a mantenere una forte dipendenza delle aree coinvolte.

Le statistiche di Transparency International rese note a fine 2011 ci dicono che, a livello di tassi internazionali di corruzione, la situazione italiana è in continuo peggioramento: l'Italia è infatti passata dal trentatreesimo posto di inizio anni Novanta al quarantesimo nel 2008 e al sessantanovesimo (preceduta dal Ruanda) nel 2011. Da osservatore privilegiato hai avuto anche tu la sensazione di questo costante degrado?

Qualche anno fa, imbarcandomi su un aereo diretto mi pare a Roma, ho incontrato una persona, referente di una grande impresa, che in Mani pulite era stata indagata e aveva poi risolto la sua posizione, credo attraverso un patteggiamento. Ci siamo salutati, abbiamo scambiato due parole e subito mi ha chiesto: « Secondo lei quanto della corruzione avete fatto emergere tramite le vostre indagini? » Ho risposto, interrogativamente: « Cosa dice, forse la metà... » Ha sorriso e a sua volta mi ha detto: « Cali, dottore, cali di un bel po'... Se avete scoperto il venti, venticinque per cento di quel che è successo è già tanto ». Perché ti racconto questo episodio? Perché è assolutamente in linea con quel che rileva Transparency International, con quel che si legge con grande frequenza sui giornali (chi legge soltanto la stampa nazionale ha un'idea assai parziale di quel che emerge giorno dopo giorno; io viaggio moltissimo e mi imbatto spesso in giornali locali, nei racconti delle persone, vedo tante opere pubbliche senza senso e così via). La corruzione era tanto estesa che le nostre scoperte, per quanto clamorose, avevano rivelato soltanto una piccola parte di quel che era stato commesso. E per il futuro non ci si può aspettare nulla di diverso, visto che non è stato fatto, a livello legislativo e a livello amministrativo, quasi nulla per rendere più difficile la corruzione e più facile la sua scoperta, ed anzi oggi è più difficile far emergere i reati sommersi rispetto al passato.

Ma le condanne per corruzione, concussione, peculato, abuso d'ufficio, turbativa d'asta sono sensibilmente diminuite dagli anni Novanta a quelli più recenti. A cosa credi che sia dovuto? Minor interesse della magistratura a perseguirle? Cambiamenti legislativi? Effetto della cosiddetta legge ex Cirielli del 2005, che ha drasticamente ridotto i periodi di prescrizione, soprattutto per questo tipo di reati? Maggior «professionalità» nell'esercizio del malaffare?

Premetto che posso parlarti con competenza del periodo in cui investigavo sulla corruzione, e cioè del periodo che arriva fino alla fine degli anni Novanta, perché facendo le indagini acquisivo le prove, e le prove dimostravano senza nessuna possibilità di equivoco che la corruzione era un sistema; premetto dunque che ciò che posso dirti della situazione attuale non si basa sui risultati del mio lavoro, ma su deduzioni che derivano dalla osservazione di quel che accade, da quel che leggo, dai lavori di Transparency, dalle relazioni del procuratore della corte dei conti, dalle leggi entrate in vigore; premesso tutto ciò, credo di poter dire che la causa della riduzione dei processi relativi a quel tipo di reati sia da collegare a una serie di cause, tra cui il ricompattamento dei sistemi di potere, la diminuita sensibilità dell'opinione pubblica nei confronti dei fenomeni corruttivi, la modifica di tante leggi sostanziali e processuali (come quelle che hanno ridimensionato il falso in bilancio; o quella che ha ridotto i termini di prescrizione). Non escludo che la cultura dell'indipendenza abbia in qualche magistrato perso rilievo per via dell'atteggiamento dell'opinione pubblica nei confronti delle indagini sulla corruzione e di chi le conduceva. Non escludo nemmeno che la magistratura abbia potuto perdere parte della sua credibilità sia per carenza di professionalità, in alcune circostanze, da parte di alcuni, sia per l'incomprensibilità di certi meccanismi processuali (condanna in primo grado, assoluzione in appello e viceversa; applicazione e revoca di misure cautelari in breve lasso di tempo) da parte dei cittadini digiuni delle regole del processo. Attenzione, mi pare però che l'interesse della pubblica opinione verso i comportamenti illeciti delle sfere dirigenti sia in vertiginoso aumento, e la situazione, voglio dire, potrebbe cambiare presto. Maggior professionalità nell'esercizio del malaffare? Non mi pare, semmai maggior capacità di evitare indagini e processi.

Credi che le stesse inchieste di Mani pulite possano aver contribuito al ridimensionamento della corruzione?

Ti dicevo che secondo me la corruzione non è diminuita, è diminuita la scoperta della corruzione, sono diminuiti i processi, ma non la corruzione. Se è avvenuto che diminuisse, è stato per un periodo molto limitato, questione di due o tre anni, durante i quali, peraltro, tanti si lamentavano che la Pubblica amministrazione non fosse più in grado di promuovere opere pubbliche a causa degli « ostacoli » posti dal nostro intervento. Ma, di fatto, già dal '95 il vento incominciava a cambiare.

D'altronde Achille Serra, al tempo Alto commissario per la prevenzione e il contrasto della corruzione nella Pubblica amministrazione, nella sua Mappa della corruzione in Italia, *redatta nel 2007, afferma che: « Chiusa la stagione di Mani pulite, non si è proceduto alle necessarie riforme strutturali che agendo sulla prevenzione avrebbero potuto arginare il fenomeno ». Sei d'accordo con lui? E quali riforme strutturali sarebbero servite per prevenire la corruzione?*

Già, l'Alto commissario sulla corruzione ha avuto una vita breve e non particolarmente incisiva, purtroppo, ed è stato presto trasformato in Servizio anticorruzione e trasparenza, Dipartimento della funzione pubblica. Un organo che doveva essere indipendente per funzionare efficacemente, e che invece operava presso la presidenza del Consiglio.

A mio parere dall'inizio di Mani pulite non è stato fatto nulla, o quasi, per rendere più difficile la corruzione.

Si tratterebbe invece di ostacolare la corruzione, dando vita a un sistema di controlli attraverso i quali farla emergere; e sarebbe necessario un forte investimento in tema di legalità nel campo dell'educazione, per fare in modo che i ragazzi capiscano a cosa servono le regole, le nostre regole che hanno in testa a tutto la Costituzione, perché vogliano rispettarle piuttosto che essere obbligati a farlo. Il controllo, se manca l'educazione al rispetto delle regole, ammesso che sia effettuato (cosa estremamente difficile quando la trasgressività è massiva e i controllori rispondono alla stessa cultura dei cittadini), serve a poco o a nulla.

Puoi fare qualche concreto esempio a questo proposito?

Sono stati coinvolti in Mani pulite più di cento appartenenti alla guardia di finanza: la loro funzione era di controllo; sono stati coinvolti giudici: la loro funzione era di controllo; sono stati coinvolti ispettori del lavoro: la loro funzione era di controllo. Potrei continuare con l'elenco dei controllori che rispondevano alla stessa logica dei controllati, ma credo che possiamo fermarci qui.

A proposito della correttezza delle stesse imprese, il leader dei giovani industriali, Aldo Fumagalli, al convegno tenutosi a Capri nel 1993, ammise che «gli imprenditori coinvolti in Tangentopoli non possono essere identificati come modello di riferimento» e che «è necessario interrogarsi se sia stato fatto tutto il possibile prima di cedere» per poi concludere che «se un imprenditore o un manager porta responsabilità morali per il pagamento di tangenti dovrebbe almeno evitare di moraleggiare sull'etica degli affari». Fu di fatto una sia pur critica ammissione in merito ai fondi neri costituiti da molte imprese per le tangenti.

Era quasi «naturale» che le grandi imprese costituissero fondi occulti. Erano poche quelle che non ne avevano, e spesso questi fondi venivano usati anche per corrompere.

Il procuratore generale della corte dei conti Furio Pasqualucci, nella sua relazione del 2009, afferma: «Il fenomeno della corruzione all'interno della Pubblica amministrazione è talmente rilevante e gravido di conseguenze in tempi di crisi come quelli attuali da far più che ragionevolmente temere che il suo im-

patto sociale possa incidere sullo sviluppo economico del Paese».

In effetti, il costo della corruzione in Italia, che è stato calcolato in sessanta miliardi di euro all'anno, si ripercuote inevitabilmente sull'intera economia. E, nota bene, si tratta di un costo che grava non sulle imprese, ma sui contribuenti, su tutti noi, che dobbiamo pagare a più caro prezzo gli investimenti e i servizi della Pubblica amministrazione. In sintesi: il costo sopportato dagli imprenditori viene scaricato sull'ente pubblico che ha commissionato il lavoro e quindi in ultima istanza sugli stessi cittadini che pagano le tasse.

I settori più esposti alla corruzione sembrano essere quello farmaceutico, quello del commercio, quello degli enti locali, quello dei fondi pubblici di aiuto ai settori produttivi, quello dei fondi comunitari, e infine quello degli interventi all'estero dei grandi gruppi. E le modalità più diffuse della recente corruzione sembrano essere costituite da false consulenze, fatture gonfiate, assunzioni clientelari, escort, ristrutturazione di appartamenti... Pensi sia cambiato molto dai tempi di Mani pulite?

Dalle indagini di Mani pulite è emerso che si pagavano somme illecite su una grande varietà di relazioni con la Pubblica amministrazione. Ora, guardando a quel che riportano i media, sembra che ci sia più «fantasia» quanto alle modalità di pagamento delle tangenti. C'è anche un'altra fondamentale differenza con il passato. Al contrario di quel che sembra succedere oggi, negli anni Ottanta e Novanta si tendeva, attraverso la corruzione, anche e forse soprattutto a finanziare illegalmente i partiti, che usavano il denaro per pagare le sedi, l'apparato, i congressi e le campagne elettorali.

In effetti, basti pensare a Severino Citaristi: segretario amministrativo della Dc, anziano e morigerato ai tempi delle vostre inchieste, ha subito decine di procedimenti giudiziari. Lui non riceveva tangenti per arricchimento personale, ma per permettere il funzionamento del sistema.[22] *A tuo parere era da considerarsi più grave la corruzione o il finanziamento illecito ai partiti?*

In genere si ricorreva al finanziamento illecito per non rendere palese la corruzione: lo scambio di favori era occulto, denaro in cambio delle manovre per l'assegnazione dell'appalto. Era difficile imbattersi in un finanziamento illecito che non fosse accompagnato dalla corruzione. E allora mettiamola così: chi riceveva la tangente per se stesso creava una serie di danni (tradiva la Pubblica amministrazione, faceva in modo che l'appalto andasse all'impresa che non l'avrebbe vinto se non avesse corrotto, squilibrava il mercato perché impediva la concorrenza); chi riceveva i soldi per il partito creava danni ulteriori (impediva anche la concorrenza tra i partiti, perché chi aveva più soldi era favorito nel pubblicizzarsi, nelle campagne elettorali e così via).

Di Pietro sostiene ora che « corrotto e corruttore sono ormai la stessa persona, a tutti i livelli. Oggi si scrive la norma in modo tale che il beneficio che si vuole ottenere sia previsto dalla nor-

ma stessa: non c'è più reato, si fa tutto secondo le leggi, che si adeguano alle necessità delle lobbies».

Può darsi che oggi succeda così. Per quel che riguarda i tempi di allora mi viene in mente un'altra procedura, quella della somma urgenza adottata in varie circostanze (si veda per esempio la legge 29.5.1989, n. 205, interventi infrastrutturali nelle aree interessate dai campionati mondiali di calcio del 1990), che libera la Pubblica amministrazione dal rispetto delle rigorose regole previste per l'assegnazione dei lavori attraverso l'appalto.

Paolo Ielo, che partecipò come pubblico ministero a Mani pulite ed ora è sostituto procuratore a Roma, ha proposto l'istituzione di una sezione apposita, nei tribunali, dedicata ai reati di matrice economico-finanziaria. Potrebbe essere utile?

Secondo me è senz'altro necessario un livello elevato di professionalità, che generalmente si acquisisce anche attraverso la specializzazione. Questa, però, dovrebbe coniugarsi con il principio della unitarietà della giurisdizione, con cui confliggerebbe la creazione di giudici speciali. Paolo Ielo si riferisce alla creazione di una sezione specializzata, come già ne esistono a Milano, dove per esempio i reati societari sono trattati da due sezioni del tribunale. Il problema, secondo me, sta nella professionalità, e nella verifica della professionalità, di chi fa parte di queste sezioni. Bisognerebbe che chi chiede di farne parte dimostri di possedere una preparazione adeguata nel settore.

Sempre a livello di proposte, Francesco Greco ritiene che sia necessaria un'operazione culturale per illustrare ai nostri connazionali i danni che stanno subendo a causa della criminalità economica.

Sono della stessa idea. E farei un passo ulteriore, chiederei che si operasse anche per sensibilizzare la cittadinanza al rispetto delle regole, a cominciare dalla scuola. Che si promuovesse cioè una cultura della legalità costituzionale, attraverso la dimostrazione che se il modello costituzionale basato sul riconoscimento della dignità della persona fosse messo in pratica nel comportamento individuale si vivrebbe tutti meglio.

Le tue dimissioni dalla magistratura sono da ricollegarsi in qualche modo alla difficoltà di continuare all'interno di essa a combattere il malaffare?

Ho constatato le enormi difficoltà cui si va incontro, attraverso l'esercizio della giurisdizione penale, a marginalizzare la trasgressione. Dopo trentatré anni in magistratura, constatando che per quanto impegno si mettesse nel proprio lavoro la giustizia continuava a funzionare molto male, mi sono convinto che sia necessaria una riflessione culturale profonda per fare in modo che le persone rispettino le regole e attraverso le regole si rispettino l'una con l'altra. Nella situazione presente nel nostro Paese da diversi anni, il sistema giudiziario non può funzionare efficacemente: a volte sembra una specie di macchina per macinare l'acqua.

Ti riferisci alla tua esperienza in Cassazione?

Non soltanto. L'esperienza in Cassazione ha completato il quadro. La corte di cassazione è il giudice ultimo, è il luogo in cui le sentenze diventano definitive, non c'è possibilità di rimediare agli errori (a differenza che in tribunale e in corte d'appello). L'organizzazione del lavoro non aiuta ad evitare errori: quaranta cause per udienza, finendo spesso a tarda sera o addirittura a notte, con una parte del collegio (si è in cinque a giudicare) che non conosce il contenuto degli atti (studiati prima dell'udienza solo dal relatore e dal presidente, salvo casi eccezionali), e che contribuisce alla decisione sulla base di quel che riporta il relatore. Insomma, l'insidia dell'errore è sempre presente, e l'attenzione deve essere spasmodica. Ci sarebbe una via per rimediare, senza bisogno di nuove norme: rendere pubblica la decisione non alla fine dell'udienza, ma dopo la redazione della sentenza, in modo che se scrivendo i motivi della decisione ci si accorge che qualche cosa è sfuggito si possa rimediare. Impossibile arrivarci. Impossibile arrivarci perché la corte di cassazione è letteralmente ingolfata dal numero di ricorsi (oltre quarantamila all'anno) che deve trattare. Questa essendo la mole di lavoro, è praticamente impossibile trovare il tempo per duplicare le udienze e rinviare la decisione a un'udienza successiva.

La corte di cassazione ha il compito di uniformare l'interpretazione delle leggi. Non sempre ci riesce: succedeva che nella stessa sezione si affermasse un giorno un principio, il giorno dopo il principio opposto, a seconda di come fosse composto il collegio (ogni sezione è composta di oltre venti magistrati, soltanto cinque dei quali, a rotazione, partecipano alle udienze). Perché è raro che i membri della sezione possano trovare il tempo per vedersi tutti insieme e trovare un'interpretazione comune.

Avevo sperimentato le inefficienze del sistema giudiziario ad altri livelli, le ho sperimentate anche in Cassazione e ciò ha contribuito non poco alla mia decisione di dimettermi.

CONSIDERAZIONI FINALI

Nel corso di un ultimo incontro Gherardo Colombo, Franco Marzoli, Irene Grassini ed Emanuele Breggia si scambiano opinioni sui motivi di fondo che hanno permesso e permettono la diffusione del malcostume e della corruzione nel nostro Paese.

Marzoli: *È giunto il momento di una sintesi in merito all'inchiesta di Mani pulite. A vent'anni di distanza pensi che il bilancio sia tutto sommato positivo o che si sia trattato di un fallimento?*

A me pare evidente che l'imperativo di far funzionare la giustizia nel rispetto dell'articolo 3 della Costituzione (l'uguaglianza di tutti i cittadini di fronte alla legge), che in Mani pulite, così come in qualsiasi altra indagine, abbiamo cercato di attuare, non si sia realizzato. Tra prescrizioni e leggi cambiate, alla fine il risultato processuale è stato molto limitato, e si è riaffermato il senso d'impunità che esisteva prima dell'inizio delle indagini e che già avevo sperimentato nella mia precedente esperienza. Tanto che fenomeni corruttivi hanno continuato a manifestarsi anche successivamente, sembra con una certa intensità. Temo quindi, per usare un'estrema sintesi, che Mani pulite, giudiziariamente, sia servita a poco o a « nulla », e che anche culturalmente sia servita a ben poco.

Marzoli: *Io sono più ottimista, e per spiegarmi ricorro a qualche riferimento storico. A mio parere, molte delle questioni etiche e politiche del nostro Paese (e di altri Paesi latini) hanno le loro radici negli effetti negativi della Controriforma. Il consolidamento del potere conseguente alla connotazione monarchica del papato ha contribuito a mantenere nel ruolo di sudditi gli abitanti della penisola, impedendo loro di sviluppare come «cittadini» un senso di appartenenza allo Stato e, conseguentemente, il rispetto di regole condivise. In mancanza di un riconoscimento collettivo di unità, garante del bene comune, si è sviluppato un preoccupante «fai da te» in cui ciascuno si è creato le sue norme o ha preferito addirittura fare ricorso ad aggregazioni malavitose, quali i vari tipi di mafie. Da questo scarso senso dello Stato sono derivati il mancato rispetto delle regole, l'evasione fiscale e la corruzione dilagante.*

A questa degenerazione contrappongo l'etica protestante, alla quale ricollego, sia pure in modo molto sommario, le rivoluzioni britanniche del Seicento, l'Illuminismo settecentesco, l'Indipendenza americana, la Rivoluzione francese, la Resistenza italiana, il Sessantotto (almeno nella sua fase iniziale) e in un certo senso anche Mani pulite. Vedo un filo di continuità tra questi momenti, dove la matrice comune è rappresentata dalla responsabilità dei singoli, che trova compimento nella formazione stessa dello Stato di diritto, basato sulla divisione dei poteri e sul rispetto sostanziale delle regole. Questo filo (chiamiamolo illuminista) non si è esaurito del tutto, ma potrà, grazie ai semi via via gettati, riproporsi anche nei periodi futuri. E la grande presa di coscienza che ha rappresentato Mani pulite potrebbe dare in futuro i suoi frutti.

Condivido in parte la tua analisi. Mi pare incontestabile che la Controriforma abbia impedito, in particolare nella nostra penisola, l'occasione per seguire la strada verso la responsabilità, la libertà, il senso della comunità che invece è stata percorsa altrove. Sono passati quattro secoli prima che si arrivasse al Concilio vaticano II, e alla revisione di tale impostazione. Nello stesso tempo non credo che tutti gli avvenimenti che hai citato fossero davvero coerenti con lo scopo che dichiaravano di prefiggersi. Come ti ho accennato, io sono convinto che il mezzo debba essere adeguato al fine: se non lo è, porta verso un fine, un risultato diverso. In altre parole, per me non è che « il fine giustifica il mezzo », è che « il mezzo qualifica il fine ». Non si può affermare la fratellanza tagliando le teste delle persone, perché la violenza è in pura antitesi con la libertà e con il riconoscimento della dignità della persona (di qualunque persona, non di questa o quella persona). Anche la stessa Rivoluzione francese in realtà ha rallentato la stessa diffusione dell'Illuminismo, portando nel giro di una quindicina d'anni alla restaurazione (Napoleone incoronato imperatore!) attraverso una strada lastricata di milioni di morti, di città saccheggiate, di donne stuprate... Riconosco però che l'Illuminismo, magari combinato con altri movimenti culturali, può continuare a produrre effetti. Spero vivamente che la conoscenza (più che la presa di coscienza) diffusa attraverso Mani pulite possa in futuro dare dei frutti, e credo anche che sia possibile. Ma stiamo parlando, sia tu che io, del futuro, non del presente.

Marzoli: *Penso che la violenza sia inscindibile dalla storia, la quale, peraltro, non andrebbe analizzata in termini moralistici ma semplicemente per quello che è. Del resto anche il Sessantotto, con le sue deformazioni violente degli anni Settanta, ha poi causato la reazione degli anni Ottanta... E questo vale per buona parte dei movimenti storici: uno Stato nascente, frutto del pensiero di élite intellettuali, una successiva condivisione popolare e forme di degenerazione anche violente, per poi arrivare a fasi di riflusso. Non so se è corretto, a questo proposito, fare riferimento alla teoria vichiana dei « corsi e ricorsi della storia », ma di sicuro questo tipo di alternanza si è manifestata a più riprese.*

Certo che la storia è quella che è, ma si tratta di vedere da una parte dove va e dall'altra cosa facciamo, e cosa possiamo fare noi perché vada per un verso o per un altro. Se crediamo che la violenza sia una componente indispensabile del progresso le diamo necessariamente una valenza positiva, ma così facendo svalutiamo l'essere umano, perché ammettiamo che possa essere positivamente oggetto di violenza. Non credo che risolvere il dilemma violenza-persona a favore della seconda possa essere definito moralismo. Invece, se diamo alla violenza una valenza positiva cadiamo in una contraddizione, perché ammettiamo che – seppur soltanto in determinate situazioni – possa essere usata per l'emancipazione dell'essere umano, e cioè per il riconoscimento della sua dignità. Come già ti dicevo, il mezzo deve essere adeguato allo scopo, e la violenza non lo è. Penso anche io che la storia possa avere corsi e ricorsi, ma credo anche che essi si inseriscano in un percorso complessivo di progressiva emancipazione, per cui non sono mai uguali gli uni con gli altri. Si va avanti e si torna indietro, ma quando si è finito di ritornare indietro, e si riprende ad andare avanti, ci si trova un po' più emancipati di prima. Guarda come siamo usciti dal baratro del nazismo e del fascismo! In Italia, per esempio, soltanto dopo quella terribile ricaduta è stato introdotto il suffragio universale.

Marzoli: *Ritornando al discorso iniziale sull'inchiesta Mani pulite, che pure secondo alcuni non è stata immune da forme di «violenza giudiziaria», pensi che anche lì si possa essere manifestato un analogo periodo di radicalizzazione al quale ha fatto seguito l'inevitabile restaurazione?*

Per rispondere alla tua «insinuazione» circa una pretesa violenza giudiziaria, non scopriamo di certo oggi che proprio nella sede penale si realizza il monopolio della violenza da parte dello Stato, e che si può fare il magistrato o esasperando questa violenza o cercando di temperarla il più possibile e applicarla a tutti allo stesso modo. Personalmente credo che l'uso di questa violenza istituzionalizzata (pensa che praticamente tutto quel che fanno giudici e pubblici ministeri sarebbe reato se fosse compiuto da un privato cittadino: mettere in prigione equivale al sequestro di persona; perquisire una casa alla violazione di domicilio; sequestrare un oggetto al furto o alla rapina) in Mani pulite sia ricorsa con le stesse (anzi, con più tenui) modalità presenti nella generalità dei casi. Vengo ora alla domanda. Non credo minimamente che si possa paragonare un'indagine, una serie di processi agli eventi di cui hai parlato. Il processo penale è destinato all'accertamento di responsabilità personali in relazione a determinati reati, ed è questo che noi abbiamo fatto. Del resto, non era nostro compito fare altro. Se, come sembra anche a me, dal tentativo di realizzare la norma costituzionale dell'uguaglianza dei cittadini di fronte alla legge si è passati alla riaffermazione della disparità, bisogna chiederne conto non ai magistrati ma alla politica.

Grassini: *Riguardo ai motivi e alle cause della corruzione, vorrei proporre una riflessione sull'italianità e sulla costruzione del carattere e dell'identità nazionali. Il carattere nazionale è stato un elemento centrale del pensiero di una parte importante del mondo intellettuale e politico, dal Risorgimento alla Repubblica, e il discorso sui vizi degli italiani è stato parte integrante della lotta politica, nel senso che è stato regolarmente messo in campo e utilizzato come strumento nella battaglia per la definizione della nazione.*

Dai patrioti risorgimentali, che volevano che gli italiani prendessero in mano il loro destino, al fascismo, che voleva trasformarli in una massa disciplinata e militarizzata pronta all'obbedienza, fino all'Italia postbellica, in ogni epoca il discorso sul carattere nazionale ha assunto toni e contenuti differenti. Nel corso del tempo le analisi dell'italianità hanno contribuito a richiamare l'attenzione sulla vita pubblica e sulle qualità della cittadinanza. All'inizio degli anni Novanta, dopo la caduta del Muro di Berlino, Mani pulite rivelò la corruzione di un settore molto ampio della classe dirigente. In seguito a questi fatti il Paese fu testimone del collasso di tutto il sistema partitico che l'aveva governato dalla fine della seconda guerra mondiale. Ma, subito dopo il crollo di questo sistema, gli auspici di un cambiamento in senso positivo si sono infranti nel periodo successivo. Mi chiedo dunque come possa esserci davvero una speranza di cambiamento se il carattere di un popolo si percepisce in questo modo e se il passato ha lasciato su di esso un'impronta quasi «genetica».

Lasciamo stare la genetica. A mio parere, la ragione propria del carattere nazionale sta nell'immaturità degli italiani. Gli italiani sono molto più immaturi di altri popoli, sembra quasi siano caratterizzati dall'acquiescenza verso il rimanere minorenni a vita e verso chi opera perché restino tali. Per capire quale sia, al momento (dico al momento, perché sono sicuro che anche gli italiani cresceranno), il carattere degli italiani, e come si sia formato, bisognerebbe leggere Kant, *Che cos'è l'illuminismo*, Dostoevskij, *Il grande Inquisitore*, capitolo dei *Fratelli Karamazov*; bisognerebbe guardare il loro atteggiamento nei confronti dell'*Indice dei libri proibiti* e del *Sillabo* di Pio IX.

Grassini: *Aggiungerei un altro testo letterario che ha denunciato i vizi principali degli italiani e in particolare delle classi privilegiate, ossia le pagine del* Giorno *di Parini. Ma anche Leopardi, nel* Discorso sopra lo stato presente dei costumi degl'italiani *(1824), analizza lo stato di decadenza della società italiana, confrontando già all'epoca la situazione del nostro Paese con quella delle altre nazioni europee.*

Mi hai preceduto. È soprattutto Leopardi, secondo me, a delineare l'atteggiamento degli italiani nei confronti della comunità, il disinteresse, la distanza che esistono tra il singolo e la comunità. Quando Leopardi afferma che la vita sociale dei non bisognosi si risolve nel passeggio, negli spettacoli, nella Chiesa, ebbene, ha detto tutto.

Marzoli: *Vorrei riprendere il tema della Controriforma in Italia e della mancata identificazione del cittadino-suddito con lo Stato. Manca un senso dello Stato rispetto ai Paesi d'Oltralpe, e manca per motivi storici, poiché noi siamo abituati a non identificarci. Pensiamo al Sud dell'Italia, dove il desiderio d'identificazione sfocia talvolta addirittura nell'affiliazione ad organizzazioni criminali. Anche l'anti-politica che viviamo oggi può essere interpretata come una forma di anti-Stato. Credo che l'elemento corruttivo si origini proprio da questo: dal fatto che molti cittadini italiani non si sentono parte della comunità nazionale e, quindi, non sentono neppure la necessità di rispettarne le regole.*

Le identità nazionali sono nate progressivamente e certo sotto quel profilo noi italiani siamo in ritardo rispetto agli altri. Il problema sta anche nel fatto che gli italiani vedono le istituzioni come « qualcosa di diverso da se stessi ». Non ci si rende conto che, in una democrazia, le istituzioni sono i cittadini, sono fatte da quel che ciascuno di noi ci mette dentro.

Marzoli: *Forse perché noi italiani non abbiamo contribuito a crearle, certe regole. Nel Medioevo, nei comuni italiani esisteva un compiuto senso di comunità. Nella Siena medioevale, per citare un esempio, c'erano un rigore ed un rispetto delle norme molto marcati proprio per un maggiore senso di appartenenza a « qualcosa ».*

Nello stesso tempo, però, i comuni erano spesso in antagonismo l'uno con l'altro. Ancora oggi si ascolta il detto « Meglio un morto in casa che un pisano all'uscio » da parte dei livornesi. Non si è stati capaci di passare dal livello comunale a quello nazionale, ed anzi si è perso anche (quando c'era) il senso di appartenenza al comune. La mancanza del senso della collettività derivante da una forte immaturità dipende anche, come già detto, dal potere temporale esercitato nei secoli dalla Chiesa e dalla conseguente educazione all'obbedienza più che alla libertà. Gli italiani sono stati educati all'obbedire, e l'educazione ha creato accondiscendenza verso il modello dell'obbedienza, spesso accettato supinamente perché libera dalla responsabilità. Gli italiani si dichiarano sempre innocenti, è sempre colpa (responsabilità) di qualcun altro, loro non c'entrano. Proprio perché lo schema è quello dell'obbedienza, hanno sempre bisogno della mamma che pensi e decida per tutti. Poi, magari, alla « mamma » ci si ribella, ma non per assumersi le proprie responsabilità, bensì per cercare un'altra mamma, che funzioni meglio di quella di prima.

Breggia: *L'italiano sembra subire il fascino dell'autorità, dell'uomo forte che esercita il potere, come la storia mostra. Credo che un'autentica democrazia sia, al contrario, molto più faticosa per il singolo. Essa richiede che il cittadino (e non quindi il suddito) dia il suo contributo, che il singolo faccia la sua parte all'interno di una comunità nella quale può riconoscersi e che non sente « aliena ». In un periodo nel quale, soprattutto nella mia generazione, è diffusa l'avversione nei confronti della politica, penso sia importante recuperare una dimensione di partecipazione alla cosa pubblica. Non interessarsi alla politica – anche se spesso, oggi, lo sdegno è giustificato – significa « delegare » qualcun altro, rischiando una perdita di senso di responsabilità.*

È necessario mettere al centro la cultura, l'educazione al rispetto della persona e quindi al rispetto delle regole che la dignità della persona affermano. Si tratta, alla fine, di una questione di riconoscimento reciproco, e quindi di pratica della solidarietà, che costituisce il tessuto che tiene insieme la società. Come sai giro molto per le scuole, e tra i ragazzi vedo una grande disponibilità alla riflessione profonda su questi temi. Molto maggiore di quella degli adulti. Ciò è naturale, perché gli adulti hanno un passato dietro le spalle, un passato fatto di scelte che difficilmente possono essere messe in dubbio senza mettere in dubbio la propria persona nella sua totalità. I giovani hanno una storia personale molto più breve, fatta di scelte meno qualificanti. È molto più facile, per loro, mettersi in discussione. Ad esempio, sul tema della certezza della pena gli adulti si dimostrano irreversibili; tendono a rifiutare il pensiero che sia possibile curare il male con opportune politiche di reinserimento, anziché attraverso il carcere ad ogni costo.

Breggia: *Si torna al mito del « castigo », profondamente radicato nella nostra cultura perché forse ritenuto la tranquillizzante panacea di tutti i mali della società. Riflettendo, penso che le parole trasgressione e sanzione perdano di senso, e i loro confini di nitidezza, se non ci s'interroga razionalmente sulle ragioni profonde che hanno condotto alla trasgressione. Ed ecco forse una delle riflessioni centrali emerse parlando di Mani pulite: quando la violazione è la regola all'interno di un certo contesto sociale, è illusorio pensare di delegare la soluzione del problema all'apparato giudiziario, agendo quindi, per così dire, sul versante della sanzione. Forse bisognerebbe intervenire ad uno stadio antecedente, tentando di fare sì che le persone si riconoscano nei « valori » tutelati dalle regole, sentendosi parte di qualcosa.*

In effetti se si rispetta la regola soltanto per il timore del castigo si impara a obbedire, non ad essere autonomi. Educare alla libertà non è semplice. Non è semplice, e non è facile, sia perché a chi è chiamato a farlo (i genitori, gli insegnanti) non è stato insegnato,[23] sia perché spesso, inconsapevolmente, anche chi ha da svolgere questo delicatissimo compito a sua volta risente del modello culturale dominante, quello dell'obbedienza e non dell'indipendenza. Educare ad essere adulti significa educare ad essere capaci di gestire la propria possibilità di scegliere, a discernere tra quel che è giusto e quel che è sbagliato, quel che è utile e quel che è dannoso, quel che serve e quel che è superfluo; a comprendere che ogni scelta implica una rinuncia, che è impossibile avere contemporaneamente qualcosa e il suo contrario.

Marzoli: *Certo è che i leader che si affermano maggiormente sono quelli di matrice populista, cioè i capipopolo, non sono coloro che invitano a riflettere, a ragionare. E spesso quelle formazioni politiche e quei leader che hanno invece seguito principi di alto profilo non hanno ottenuto seguito popolare e sono risultati perdenti. Mi riferisco, ad esempio, all'esperienza del Partito d'azione nato nella Resistenza (cui aderirono figure integerrime quali Ferruccio Parri, Aldo Capitini, Altiero Spinelli, Norberto Bobbio e Carlo Azeglio Ciampi), che, quando si presentò alle elezioni, nel 1946, ottenne solo l'1,5% dei voti. Credo, in definitiva, che molti problemi del nostro Paese siano legati alla componente emotiva e immatura di molti nostri connazionali.*

Facendo il magistrato per tanto tempo, vedendo tante situazioni, avendo vissuto, da maggiorenne, ormai quasi metà secolo della nostra storia, credo di avere imparato tanto. Ho visto i problemi della nostra terra, ho constatato che non esistono soluzioni miracolistiche, rapide, facili. Ho fatto esperienza, esperienza concreta, della impossibilità di attuare la regola aurea, quella che sta alla base del pensiero che tiene alla emancipazione delle persone e dei popoli, la regola che nella religione si esprime dicendo « fai agli altri ciò che vorresti fosse fatto a te », e nella laicità si sostanzia nel riconoscimento e nel rispetto reciproco, nella promozione dell'analoga libertà di tutti gli abitanti del pianeta, se non attraverso la riflessione comune. In questo percorso, anche le indagini di Mani pulite mi hanno aiutato molto.

Prima Franco mi chiedeva che valutazioni dessi del risultato del nostro lavoro. Gli ho risposto che a livello giudiziario i risultati sono stati, secondo me, di pochissimo rilievo. Non c'è solo quello. Per tutti noi, dalla scoperta della P2, dei fondi neri dell'Iri, del sistema della corruzione di Tangentopoli è arrivata tanta, tantissima informazione, che può essere – se lo si vuole – il presupposto per una effettiva consapevolezza dello stato e dell'evolversi delle cose. Per me, i trentatré anni in magistratura, e Mani pulite in particolare, sono stati l'occasione per un ripensamento complessivo che ha originato determinanti scelte di vita.

APPENDICI

CRONOLOGIA DI MANI PULITE

La cronologia è limitata alle indagini del pool di Mani pulite presso la procura di Milano e ai soli anni iniziali (1992-1995), con una postilla relativa all'intervista rilasciata al *Corriere della Sera* del 22 febbraio 1998 dal sostituto procuratore Gherardo Colombo, che ha come oggetto la Commissione bicamerale.

17-2-92 Viene arrestato in flagranza, con l'accusa di concussione, il presidente del Pio Albergo Trivulzio di Milano (la «Baggina») Mario Chiesa (Psi),[24] colto nell'intascare una tangente di sette milioni di lire (pari a circa tremilaseicento euro).

3-3-92 Dichiarazione del procuratore di Milano Francesco Saverio Borrelli: «La stampa [...] deve tenere la temperatura entro i livelli di guardia. Oltre questi livelli, lo stato d'animo ambientale potrebbe offrire il destro a qualcuno per proporre un'istanza di remissione del processo».

6-4-92 Con due informazioni di garanzia si avviano le indagini su Malpensa 2000 e sulla sanità milanese.
I risultati delle elezioni politiche premiano la Lega Lombarda in numerose province della Lombardia. Penalizzati Dc e Psi.

9-4-92 Dichiarazione di Enzo Biagi: «Al Pio Albergo Trivulzio [...] non alloggiava soltanto 'un mariuolo' ma anche un modo di concepire il potere: favori, tangenti, e poi voti. Tutti intuiscono che quell'albergo è solo il primo di una catena».

22-4-92 Il gip Italo Ghitti dispone la custodia cautelare per otto imprenditori milanesi con l'accusa di corruzione per aver vinto appalti irregolari negli ospedali della città, pagando tangenti per eliminare i concorrenti. Accanto agli ospedali e agli enti di assistenza, nella lista nera compaiono anche l'edilizia pubblica, i lavori della metropolitana e l'ampliamento dello stadio di San Siro, per il quale, a fronte di un preventivo di sessantaquattro miliardi di lire (pari a circa trentatré milioni di euro), si sarebbe arrivati ad un costo finale di centottanta miliardi (pari a circa novantatré milioni di euro).

27-4-92 Milano: arrestato su ordine del gip Italo Ghitti il socialista Matteo Carriera, presidente dell'Ipab (l'Istituto pubblico di assistenza e beneficenza).[25] L'accusa: concorso in corruzione aggravata riferito a un appalto di novanta miliardi di lire (pari a circa quarantasei milioni di euro) per la costruzione del nuovo istituto per anziani Redaelli. Il procuratore Borrelli affianca al pm Di Pietro il pm Gherardo Colombo.

30-4-92 Si occupano di Mani pulite sia la trasmissione *Profondo Nord*, condotta da Gad Lerner, sia la trasmissione *Samarcanda* di Michele Santoro.

2-5-92 Avvisi di garanzia agli ex sindaci di Milano: il ministro Carlo Tognoli (Psi),[26] indagato per ricettazione, e Paolo Pillitteri (Psi),[27] accusato di ricettazione, corruzione e concussione.

8-5-92 Dal *Corriere della Sera*: «I giovani applaudono l'operazione Mani pulite ma si allontanano dalla politica [...]. Gli arresti fioccano, i partiti crollano, il distacco fra giovani e politica diventa una voragine».

24-5-92 Il procuratore Borrelli affianca alle indagini il pm Piercamillo Davigo.

29-5-92 Dichiarazione del segretario Pds Achille Occhetto nella sezione storica della Bolognina: « Esponenti e dirigenti del Pds sono entrati nel meccanismo perverso della ripartizione dei proventi illeciti [...]. Mi vergogno, ma dovrebbero vergognarsi anche Craxi e Forlani ».

3-6-92 Da un articolo del *Corriere della Sera* a firma Michele Brambilla e Goffredo Buccini: « Eccolo, il manuale della ruberia. Un quarto al partito socialista. Un quarto alla Dc. Un quarto al Pds. L'ultimo quarto da dividere tra il partito repubblicano e il Psdi ».

10-6-92 Ordine di cattura per Silvano Larini (Psi).[28] Le accuse: aver intascato tangenti per gli appalti della metropolitana milanese e del passante ferroviario.

12-6-92 Il *Wall Street Journal* sostiene che Antonio Di Pietro è diventato un eroe popolare, un condottiero solitario che ha aperto il vaso di Pandora della corruzione italiana.

18-6-92 Suicida a Lodi il segretario locale del Psi Renato Amorese.

28-6-92 Manifestazione a Milano a favore dei giudici impegnati in Mani pulite. Lanciati oltre diecimila palloncini con la scritta « Di Pietro, Davigo, Ghitti, Colombo. Grazie ».

3-7-92 Dall'intervento di Bettino Craxi alla Camera in occasione della fiducia al Governo Amato: « Bisogna dire, e tutti lo sanno, che buona parte del finanziamento politico è irregolare o illegale [...]. I partiti sono ricorsi e ricorrono all'uso di queste risorse aggiuntive [...]. Se gran parte di questa materia dev'essere considerata puramente criminale, allora gran parte del sistema sarebbe criminale [...] ».

4-7-92 Il ministro di Grazia e Giustizia Claudio Martelli invia una circolare ai magistrati e alle forze dell'ordine contro le « manette in tv ».

5-7-92 Borrelli sostiene che la procura di Milano non è responsabile della spettacolarizzazione degli arresti e delle sue nefaste conseguenze. « Non abbiamo mai permesso di filmare un indagato al momento della cattura. Infatti, non ci sono immagini di politici milanesi in manette. »

13-7-92 Il *Financial Times* ammonisce a non sottovalutare la crisi in atto in Italia titolando (in italiano) *Finita la commedia.*

19-7-92 Intervistato dall'*Espresso*, il sostituto procuratore Gherardo Colombo spiega la proposta di condono da lui avanzata in un'intervista dal titolo *Parlate e sarà condono.*[29]

4-8-92 Sul *Corriere della Sera*, riferendosi alla proposta di condono di Gherardo Colombo, Piero Ostellino sostiene che: « Le ragioni portate a sostegno della proposta sono [...] realistiche e ragionevoli. Ma ciò non toglie che molti italiani [...] penserebbero ugualmente che l'onestà è 'la virtù dei fessi' ». E, più in generale, riferendosi ai giudici di Mani pulite: « Le loro indagini hanno messo in moto un processo rivoluzionario. Sotto accusa [...] sono un'intera classe politica e un'intera classe dirigente [...]. La 'rivoluzione del diritto' in atto è [...] destinata ad avere profonde conseguenze politiche, in quanto è, a suo modo, essa stessa una rivoluzione politica ».

1-9-92 Indagato per violazione della legge sul finanziamento pubblico dei partiti il presidente della Montedison Giuseppe Garofano.[30]

2-9-92 Si suicida a Brescia Sergio Moroni, deputato socialista, destinatario d'informazione di garanzia per concorso in corruzione.

3-9-92 Dichiarazione del procuratore aggiunto D'Ambrosio in merito al suicidio di Moroni: « C'è chi per vergogna si suicida ». Craxi, riferendosi al suicidio di Moroni, afferma: « Hanno creato un clima infame ».

4-9-92 Replica del procuratore D'Ambrosio alle dichiarazioni di Craxi: « Questo clima infame l'hanno creato loro. Ci sono dei fatti previsti dalla legge come reati. Noi li abbiamo scoperti e li perseguiamo ».

12-9-92 Dal *Corriere della Sera*: « La summa socialista sulle tangenti si può ridurre in tre punti: 1) Ladroni che hanno intascato personalmente del denaro. Caso gravissimo. 2) Finanziamenti a partiti per ottenere favori e illeciti amministrativi. Caso grave. 3) Finanziamenti ai partiti che non si sono però tradotti in danni alla Pubblica amministrazione. Un sistema ipocrita che tutti hanno portato avanti per anni ».

17-9-92 Martelli annuncia che è pronto un decreto riguardante « i rei di corruzione, concussione e peculato. Si prevede il sequestro cautelativo dei beni dei corrotti e corruttori in attesa del processo dopo il quale, in caso di condanna, scatterebbe la confisca ».

26-9-92 In un'intervista all'*Espresso*, Di Pietro, Davigo e Colombo dichiarano in merito al decreto Martelli: « È un decreto solo in apparenza punitivo, in realtà un oggettivo ostacolo alle indagini. Può infatti spezzare quel filo di collaborazione faticosamente stabilito con corrotti e corruttori. Ci vorrebbe un provvedimento che incentivasse coloro che sanno chiudere con il passato ».

28-9-92 La Chiesa si pronuncia contro la corruzione. Dichiarazione della presidenza Cei: « Chi ha rubato deve restituire il maltolto, altrimenti si rischia la dannazione eterna ». Il segretario Dionigi Tettamanzi ammonisce: « Il furto è sempre un furto, anche se si è in tanti a rubare ».

30-9-92 L'amministratore delegato della Fiat Cesare Romiti dichiara: «Non ho paura di dirlo: come cittadini e come imprenditori non ci si può non vergognare. [...] Ed io sono il primo a farlo. [...] Nessuno può negare l'arroganza e l'impunità di questa classe politica a ogni livello».

15-10-92 Dal *Corriere della Sera*: «Ferrovie Nord e Atm sul binario della paralisi. La scure del governo blocca gli investimenti [...]. Resta al palo il Passante, rinviati i lavori della Milano-Malpensa».

22-10-92 Sul *Corriere della Sera* Craxi dichiara che la crisi dei partiti non riguarda solo o soprattutto il Psi: «I finanziamenti illeciti e le tangenti erano parte di un sistema che solo io ho avuto il coraggio di denunciare in Parlamento senza reticenze».

27-11-92 Dichiarazione del procuratore Borrelli in merito ai rischi che corre l'intero apparato politico-amministrativo messo in crisi dall'inchiesta Mani pulite: «Naturalmente, come qualsiasi cittadino, non possiamo non percepire la qualità e la quantità delle ripercussioni delle nostre iniziative e, tuttavia, non possiamo neppure ipotizzare che tali iniziative vengano condizionate dalle risonanze politiche».

2-12-92 La Commissione giustizia del Senato approva il disegno di legge sull'uso delle manette ai polsi degli imputati: diventa obbligatorio solo qualora il giudice ravvisasse «pericolosità dell'indiziato, pericolo di fuga o circostanze ambientali che rendano difficile la traduzione».

15-12-92 Consegnato un avviso di garanzia a Craxi per corruzione, ricettazione e violazione delle norme sul finanziamento pubblico ai partiti. I magistrati gli contestano trentasei miliardi di tangenti al Psi.

11-1-93 Richiesta di autorizzazione a procedere alla Camera nei confronti di Craxi, composta da centoventitré pagine e quarantuno capi di imputazione. Dalla richiesta: « È emersa una pluralità di fatti giuridicamente qualificabili come falsi in bilancio, turbata libertà degli incanti, violazione della disciplina sul finanziamento dei partiti politici e delle loro articolazioni, corruzioni, concussioni e altri reati contro la Pubblica amministrazione e contro il patrimonio ».

22-1-93 Il procuratore aggiunto di Roma Ettore Torri apre un'inchiesta sull'affare Enimont. Dal *Corriere della Sera*: « Il lavoro dei magistrati è ancora in fase preliminare, ma sarebbe incentrato sulla vendita della quota Montedison all'Eni per 2805 miliardi, che venne approvata dall'allora Governo Andreotti Martelli, e che la stessa corte dei conti definì eccessiva dopo un'indagine ».

29-1-93 Dichiarazione di Craxi: « Ci vogliono distruggere. È un linciaggio infame ».

3-2-93 Quarto avviso di garanzia per Craxi. L'atto di accusa si basa sulle dichiarazioni di Valerio Bitetto (Psi), ex consigliere d'amministrazione dell'Enel.[31]

6-2-93 Il presidente Scalfaro difende i giudici sostenendo: « Questa patria vi dice grazie, vi comprende e vi è vicina. Avete la fiducia di questo popolo ».

9-2-93 Dichiarazione del presidente della Camera Giorgio Napolitano nel corso di un'intervista radiofonica della Bbc: « In Italia non c'è mai stato un momento così grave ».

10-2-93 Il ministro di Grazia e Giustizia Claudio Martelli riceve un'informazione di garanzia per la vicenda della bancarotta del Banco Ambrosiano e del conto Protezione e si dimette da ministro e dal Partito socialista.[32]

11-2-93 Silvano Larini, a proposito del conto Protezione, dichiara: « Sì, quel conto era mio », ma per l'operazione da sette milioni di dollari chiama in causa Claudio Martelli e, soprattutto, Bettino Craxi.

12-2-93 In Svizzera l'ex direttore finanziario dell'Eni Florio Fiorini parla ai giudici di fondi neri dell'Eni ai partiti.

15-2-93 I risultati di un sondaggio effettuato dalla società Explorer per il *Corriere della Sera*: « Esplode la rabbia dei giovani (e delle donne) contro Tangentopoli [...] Avviliti e disillusi dai partiti, spietati verso chi ha rubato, fiduciosi nella buona fede dei magistrati, in sé stessi e nel presidente Scalfaro ».

23-2-93 Allargate le indagini a Franco Nobili (Dc),[33] presidente dell'Iri, e a Gabriele Cagliari (Psi), presidente dell'Eni.

25-2-93 Martelli ammette di aver ricevuto da Craxi il numero del conto Protezione.

26-2-93 Il pm milanese Francesco Greco invia avvisi di garanzia per il caso Enimont a Raul Gardini e Sergio Cragnotti.

1-3-93 Titolo in prima pagina del *Washington Post*: *Uno scandalo che si aggrava minaccia lo Stato italiano*. All'interno: « Alcuni temono che lo scandalo minacci l'unità e la democrazia dell'Italia ».

1-3-93 Arrestato il cassiere del Pds Primo Greganti.[34] Il manager della Ferruzzi Lorenzo Panzavolta lo accusa di avergli comunicato il numero di conto svizzero sul quale versare le tangenti (seicentoventuno milioni di lire, pari a circa trecentoventimila euro) spettanti al Pci-Pds.

5-3-93 Il Governo vara il decreto Conso, una soluzione politica per Tangentopoli che prevede la depenalizzazione del reato di finanziamento illecito ai partiti, un nuovo patteggiamento e modifiche alla custodia cautelare con valore reatroattivo.

7-3-93 I giudici di Milano criticano i provvedimenti del

Governo con un documento unitario letto dal procuratore Borrelli e firmato anche da D'Ambrosio, Di Pietro, Davigo, Colombo e Dell'Osso.[35]

8-3-93 Il presidente della Repubblica Scalfaro, con una lettera ad Amato, chiede al Governo di riesaminare la legge e di presentare il testo alle Camere « in forma diversa da quella del decreto ».

9-3-93 Arrestato il presidente dell'Eni Gabriele Cagliari per tangenti relative a impianti delle centrali Enel.

13-3-93 Un corteo di circa dieci, quindicimila persone sfila per il centro di Milano contro la soluzione politica proposta dal Governo Amato per uscire da Tangentopoli.

18-3-93 Intervenendo a Torino al convegno del Movimento per la giustizia, Gherardo Colombo dichiara: « Vivo questa indagine con un disagio notevolissimo. Quando c'è una forte, fortissima sovrapposizione del potere della magistratura significa che l'equilibrio con il potere politico è rotto ».

27-3-93 Ingresso nel pool milanese del sostituto procuratore Tiziana Parenti con il compito di indagare se sui rapporti tra cooperative e Pci si celi un meccanismo di finanziamento illecito per Botteghe Oscure.

29-3-93 Studenti dell'Università Statale di Milano inneggiano a Di Pietro.

17-4-93 Faccia a faccia tra i magistrati di Mani pulite e gli avvocati della Fiat. Contemporaneamente, davanti ai vertici di Confindustria Gianni Agnelli ammette le responsabilità della Fiat e sottolinea l'assenza di complotti nell'opera dei magistrati.

21-4-93 Vertice in questura tra i giudici di Mani pulite e l'amministratore delegato Fiat Cesare Romiti.

24-4-93 Romiti lancia un appello agli industriali tramite il *Corriere della Sera* – « Aiutiamo i giudici. Per cambiare il

Paese bisogna riconoscere gli errori commessi» – e consegna al pool un memoriale di trenta pagine fitto di dati, nomi di società e manager, schemi e spiegazioni sui rapporti tra gruppo Fiat e mondo politico, da cui «emergono illeciti e giri di quattrini anche in settori mai toccati dall'inchiesta».

30-4-93 A Milano manifestazioni, proteste e reazioni per il no della Camera all'autorizzazione a procedere contro l'ex segretario Psi Bettino Craxi.

11-5-93 Arrestato l'ex tesoriere del Pci Renato Pollini.[36]

13-5-93 Il *Corriere della Sera* riporta la dichiarazione che Gianni Agnelli ha rilasciato al quotidiano *Le Monde*: «Se mi sento in qualche modo colpevole, è per non aver fatto prima quello che stiamo per fare ora, d'aver in qualche modo sottovalutato la situazione».

18-5-93 Dichiarazione dell'ingegner De Benedetti in occasione della consegna ai pm di Mani pulite di un memoriale sulle tangenti pagate dalla Olivetti: «Per anni i partiti mi hanno ostacolato e taglieggiato. Si è trattato di un vero e proprio racket. E anch'io dopo tante resistenze sono stato costretto a pagare per non danneggiare gli azionisti e i lavoratori della mia azienda».

31-5-93 Torna in libertà Primo Greganti, che non ha mai ammesso bustarelle ed è diventato un modello per alcuni detenuti di Tangentopoli.

11-6-93 Di Pietro, intervenendo al congresso dell'Anm, propone i seguenti provvedimenti legislativi per uscire da Tangentopoli: a) incentivare la collaborazione processuale per permettere ai magistrati di raccogliere tutti gli elementi necessari a ricostruire i fatti e individuarne i colpevoli; b) abbreviare i tempi dei processi, allargando le condizioni per accedere ai riti alternativi e soprattutto al patteggiamento; c) sancire misure per impedire a chi ha commesso reati contro la Pubblica amministrazione di tornare a occuparsi della gestione della cosa pubblica; d) varare nuove leggi sugli appalti, per permettere la ripresa dell'attività imprenditoriale con regole trasparenti.

19-6-93 Indagine dei Verdi relativa alla Camera: un sesto dei deputati è nella lista delle richieste di autorizzazione a procedere per i reati di Tangentopoli: centosettantadue richieste per centosei deputati... In proporzione, il partito più indagato è il Psi, con trentanove richieste su novantadue componenti il gruppo parlamentare.

10-7-93 Il ministro di Grazia e Giustizia Giovanni Conso annuncia un disegno di legge per correggere l'avviso di garanzia e la custodia cautelare.

12-7-93 L'Associazione nazionale magistrati critica il ministro Conso e la sua « pretesa irrealistica » di processare in tempi celeri gli imputati di Tangentopoli.

13-7-93 Esce qualche anticipazione sul dossier contro Di Pietro curato da Roberto Chiodi, che *Il Sabato* pubblicherà integralmente il 17 luglio, raccontando i « meccanismi delle confessioni a catena, dei privilegi accordati ad alcuni imputati indotti alle chiamate di correo, [...] le mancate verifiche processuali ». Per il procuratore Borrelli si tratta di « una diligente raccolta di pettegolezzi, insinuazioni e calunnie ».

16-7-93 L'ex presidente della Montedison Giuseppe Garofano, arrestato a Ginevra, viene trasferito a Milano; pronto a svelare i misteri dell'affare Enimont, dichiara: « Parlerò di tutti ».

20-7-93 Suicidio in cella nel carcere di San Vittore di Gabriele Cagliari dopo centotré giorni di detenzione preventiva. Era sottoposto a due inchieste: la prima per corruzione, violazione della legge sul finanziamento pubblico ai partiti e falso in bilancio; la seconda per corruzione.

Il sostituto procuratore Fabio De Pasquale viene accusato dall'avvocato Vittorio D'Aiello di aver prima promesso e poi negato la scarcerazione a Cagliari.

22-7-93 Inviati presso il pool di Milano gli ispettori ministeriali Ugo Dinacci e Vincenzo Nardi: i magistrati milanesi sono accusati di eccessivo utilizzo della carcerazione.

23-7-93 Raul Gardini si uccide con un colpo di pistola alla tempia. Il caso Enimont travolge il gruppo Ferruzzi: arrestati Carlo Sama,[37] amministratore delegato di Montedison, e Sergio Cusani,[38] finanziere e consulente di fiducia di Gardini.

12-8-93 Lungo interrogatorio per il presidente vicario del tribunale di Milano Diego Curtò,[39] accusato di favoreggiamento per il caso Enimont.

19-8-93 Diego Curtò denuncia al Csm i magistrati D'Ambrosio, Colombo e Ielo per « comportamento scorretto ».

24-8-93 L'inchiesta su Tangentopoli investe il tesoriere Pds Marcello Stefanini:[40] le accuse sono di corruzione e finanziamento illegale per le centrali Enel. L'interessato reagisce dichiarando: « Non me l'aspettavo proprio [...]. Credevo che dopo sei mesi di indagini avessero capito che io non c'entro nulla ».

4-9-93 Arrestato il giudice Curtò. L'accusa è di corruzione aggravata per la vicenda Enimont.

24-9-93 Di Pietro va in Svizzera a indagare su due nuovi conti « rossi ». Primo Greganti dichiara: « I soldi sono ancora a Lugano e sono miei, non del partito ».

Dichiarazione di Umberto Bossi: « Se c'è qualcuno, sia pure magistrato, che vuole coinvolgere la Lega nella storia delle tangenti, sappia che noi siamo molto rapidi con le mani, ma anche con le pallottole ».

4-10-93 Il pool Mani pulite ha chiesto (con l'astensione della sola Tiziana Parenti) l'archiviazione per il tesoriere del Pds Marcello Stefanini. Primo Greganti avrebbe usato i soldi del suo conto svizzero per comprarsi un lussuoso appartamento e la presunta tangente non sarebbe mai arrivata alla sede del Pds.

12-10-93 Borrelli esclude Tiziana Parenti, titolare del caso Pci-Pds, dall'udienza su Primo Greganti. Dichiarazione di D'Ambrosio: «La dottoressa non è andata in aula perché non allineata con la procura». Tiziana Parenti si dice pronta a fare le valigie: «Dovrò obbedire agli ordini del procuratore, però la gente è con me».

14-10-93 Il tribunale della libertà decide la scarcerazione di Primo Greganti e critica il pool di Mani pulite per la superficialità con cui ha ordinato gli arresti e raccolto le testimonianze.

28-10-93 Comincia a Milano il processo a Sergio Cusani, imputato di concorso in falso di bilancio e finanziamento illegale dei partiti per il caso Enimont. Secondo l'accusa, dei centocinquanta miliardi della Montedison (pari a oltre settantasette milioni di euro) settantacinque sarebbero andati a Craxi e trentacinque a Forlani.[41]

31-10-93 Ordine di arresto da parte della procura romana per il presidente della Olivetti Carlo De Benedetti.[42] È accusato di aver versato la somma di dieci miliardi di lire (pari a circa cinque milioni e duecentomila euro) al direttore del ministero delle Poste per ottenere una commessa da Poste italiane.

5-11-93 Dal *Corriere della Sera*: «Secondo il racconto di Carlo Sama, l'ex amministratore delegato del colosso chimico [Enimont, *N.d.R.*], le supermazzette partivano dal gruppo Ferruzzi Montedison, facevano tappa in Vaticano, e finivano nelle tasche dei politici».

6-11-93 Ospite del circolo Ercole Miani di Trieste, Gherardo Colombo dichiara: «Il rischio di prescrizione è molto alto, per la maggior parte dei reati connessi alle tangenti».

24-11-93 Sergio Cragnotti ammette di aver saputo da Gardini di una tangente da dieci miliardi di lire (pari a circa cinque milioni e duecentomila euro) al cosiddetto CAF (Craxi, Andreotti, Forlani) per ottenere dal Governo gli sgravi fiscali sull'affare Enimont.

30-11-93 Interrogato al processo Cusani-Enimont il segretario amministrativo della Dc Severino Citaristi[43] ammette finanziamenti illeciti per il partito per ottantacinque miliardi di lire l'anno (pari a circa quarantaquattro milioni di euro), sostenendo che «i segretari politici del mio partito sapevano, alla fine dell'anno li informavo sempre delle entrate regolari. E di quelle irregolari. Loro ne prendevano atto».

2-12-93 Approvate definitivamente in Senato le nuove norme relative al finanziamento illecito ai partiti, che sarà punito con una semplice sanzione amministrativa.

10-12-93 Dichiarazione di Borrelli: «Non facciamo arresti facili [...]. È sufficiente rapportare il numero dei casi di arresti e quello degli imputati e dei processi per constatare e toccare con mano che la carcerazione preventiva per noi è stata e rimane un fatto eccezionale».

16-12-93 Il sostituto procuratore Tiziana Parenti, che ha seguito il filone di indagini sulle tangenti rosse, lascia il pool di Mani pulite.

17-12-93 Dichiarazioni di Craxi al processo Cusani-Enimont: «Tutti sapevano nessuno parlava. Quella del finanziamento dei partiti è stata la più ipocrita delle leggi [...]. State certi che anche Ferruzzi e Montedison passavano contributi ai comunisti, che prendevano soldi in Italia e dall'Urss». Il Tg1 manda in onda la versione pressoché integrale della sua deposizione al processo Cusani-Enimont.

21-12-93 Il sostituto Fabio De Pasquale chiede il rinvio a giudizio di Craxi, Citaristi, Cusani e altri dieci indagati in merito all'inchiesta Eni-Sai: un business (mancato) di quattrocento miliardi l'anno (pari a oltre duecento milioni di euro).[44]

21-12-93 Dichiarazioni di Carlo Sama al processo Cusani-Enimont: « Il dottor Gardini mi disse che [...] pagò la Dc, il Psi e anche il Pci ».

16-1-94 Il presidente Scalfaro scioglie le Camere.

22-1-94 Mino Martinazzoli chiude la Dc e dà vita al Partito popolare italiano, e sulle ceneri del vecchio Msi nasce Alleanza Nazionale.

26-1-94 Berlusconi annuncia la « discesa in campo » con un'esplicita presa di distanza dalla classe politica di Tangentopoli: « La vecchia classe politica è stata travolta dai fatti e superata dai tempi. L'autoaffondamento dei vecchi governanti, schiacciati dal peso del debito pubblico e del sistema del finanziamento illegale dei partiti, lascia il Paese impreparato e incerto nel momento difficile del rinnovamento e del passaggio a una nuova Repubblica ».

6-2-94 Al Palafiera di Roma si tiene la prima convention di Forza Italia, dove Berlusconi declama: « Siamo l'Italia che risparmia contro l'Italia che ruba. Siamo l'Italia della gente per bene contro l'Italia dei vecchi partiti ». Il magistrato « Titti » Parenti, dimessasi dal pool di Mani pulite e presente alla convention, viene presentata come « il nostro futuro ministro della Giustizia ».

11-2-94 Italo Ghitti emette un'ordinanza di custodia cautelare per Paolo Berlusconi per tangenti a funzionari Cariplo[45] in cambio dell'acquisto di tre immobili dell'Edilnord. L'indagato ottiene gli arresti domiciliari.

16-2-94 I tre esponenti Pds Occhetto, D'Alema e Stefanini vengono iscritti a Roma nel registro degli indagati a seguito di una denuncia presentata da Craxi.[46]

22-2-94 Dichiarazione di Berlusconi al *Maurizio Costanzo Show*: « Di Pietro? Sì che mi piacerebbe averlo nella mia squadra ».

9-3-94 La procura milanese chiede al gip, che non l'accoglie, un'ordinanza di custodia cautelare per il presidente di Publitalia Marcello Dell'Utri e altri cinque manager.

10-3-94 Silvio Berlusconi attacca il pool denunciando « una vera e propria aggressione da Stato di polizia » e sostenendo che « il pool ha due anime: una di giustizia e una di azione e repressione politica. Faccio appello al dottor Borrelli affinché dimostri il contrario riacciuffando per i capelli la situazione che ha per autore il giudice Colombo ».

15-3-94 Silvio Berlusconi dichiara: « Non ritengo tangenti quelle che l'imprenditore è disposto a pagare a membri della Pubblica amministrazione per ottenere qualcosa che gli spetterebbe di diritto e non gli viene dato ».

28-3-94 Il Polo delle libertà vince le elezioni. Forza Italia diventa il primo partito italiano.

15-4-94 Con l'apertura del nuovo Parlamento vengono meno le immunità dei vecchi deputati.

26-4-94 Il vicebrigadiere della guardia di finanza Pietro Di Giovanni denuncia alla procura di Milano di aver ricevuto da un suo superiore l'offerta di contanti provenienti da una verifica fiscale: si apre il filone relativo agli appartenenti alla guardia di finanza.

28-4-94 Silvio Berlusconi riceve l'incarico di formare un governo da parte del presidente Scalfaro.

28-4-94 Sergio Cusani viene condannato a otto anni di reclusione e a restituire centosettanta miliardi di lire (pari a circa ottantotto milioni di euro) alla Montedison.[47]

5-5-94 Craxi si trasferisce definitivamente ad Hammamet, in Tunisia, da dove non farà più ritorno.

12-5-94 Arrestato l'ex ministro della Sanità Francesco De Lorenzo (Pli),[48] accusato di associazione per delinquere e corruzione con sessantasette capi di imputazione.

6-6-94 Il ministro di Grazia e Giustizia Biondi dichiara: «Stiamo studiando se depenalizzare completamente il reato di finanziamento illecito».

16-6-94 Dichiarazione di contumacia per Craxi.

9-7-94 Arrestato il generale della guardia di finanza Giuseppe Cerciello,[49] comandante uscente del nucleo di polizia tributaria di Milano.

13-7-94 Il Consiglio dei ministri, su iniziativa del ministro Biondi, vara un decreto legge, un condono che salva di fatto le imprese coinvolte in Tangentopoli, un concordato per sanare evasioni fiscali e un decreto che evita la custodia cautelare per i reati connessi a Tangentopoli.

14-7-94 Il decreto Biondi viene criticato da Borrelli, Cossiga e Pannella, mentre Di Pietro minaccia le dimissioni e Davigo chiede di abbandonare le indagini di Mani pulite. All'interno del pool si prepara la bozza di un comunicato poi sottoscritto da Colombo, Davigo, Greco e Di Pietro, che ne dà pubblica lettura.[50]

Manifestazione serale a Milano a sostegno dei magistrati.

15-7-94 In seguito al decreto si registrano numerose scarcerazioni tra gli indagati delle indagini di Mani pulite.

18-7-94 Di fronte a proteste e reazioni diffuse Berlusconi dichiara: «Il decreto non è immodificabile, siamo disponibili a tutte le migliorie del caso. Anzi, vi rivelo che su corruzione e concussione il mio parere personale era opposto alla formulazione del decreto [...]. Credo che il decreto vada modificato».

22-7-94 Il Governo presenta il disegno di legge destinato a sostituire il decreto con limiti alla custodia cautelare ma senza trattamenti di favore per corruttori e concussori. Nel frattempo centoquaranta detenuti arrestati per corruzione e oltre duecento per reati finanziari sono stati liberati a norma di legge.

25-7-94 Si costituisce Salvatore Sciascia,[51] direttore dei servizi fiscali della Fininvest, confessando tre tangenti alla guardia di finanza (Videotime, Mondadori e Mediolanum) e coinvolgendo Paolo Berlusconi.

26-7-94 Il gip Andrea Padalino firma un ordine di cattura per Paolo Berlusconi (che sconterà gli arresti domiciliari nella sua villa di Porto Cervo in Sardegna).[52]

28-7-94 Silvio Berlusconi dichiara: «La storia di mio fratello mi amareggia perché è il Governo che prendono di mira».

29-7-94 Condannati per il conto Protezione, cioè per concorso nella bancarotta fraudolenta del Banco Ambrosiano, Bettino Craxi e Claudio Martelli a otto anni e sei mesi, Licio Gelli a sei anni e sei mesi, Silvano Larini a cinque anni e sei mesi.[53]

28-9-94 Il procuratore generale presso la Cassazione Vittorio Sgroi dichiara: «Ogni giorno si assiste a condotte che, se non provenissero da magistrati che vanno spesso sui giornali, potrebbero interessare i titolari dell'azione disciplinare. In Italia esistono magistrati intoccabili che possono aver acquisito una immunità disciplinare per aver acquistato benemerenze».

13-10-94 Il ministro Biondi avvia un'ispezione al pool di Milano, incaricando gli ispettori di «disporre accertamenti su comportamenti di magistrati della procura di

Milano per individuare eventuali comportamenti rilevanti sul piano disciplinare [...] ».

22-11-94 Viene notificato a Roma a Silvio Berlusconi[54] un invito a comparire per concorso in corruzione di appartenenti alla guardia di finanza, con riferimento a verifiche effettuate presso Videotime, Mediolanum, Telepiù e Mondadori. Il contenuto dell'invito era stato letto per telefono a Berlusconi dai carabinieri incaricati della notifica la sera precedente, da Roma, dove si erano recati per la notifica, non avendolo trovato perché in effetti si trovava a Napoli, al vertice Onu sulla criminalità. Berlusconi accusa la procura di Milano di aver informato dell'invito a comparire il *Corriere della Sera*, che ha pubblicato la notizia la mattina dello stesso giorno. In serata dichiara: « Io non mi dimetto e non mi dimetterò [...]. Non siamo disposti a consentire che un abuso e una strumentalizzazione infami della giustizia penale conducano al massacro della prima regola della democrazia: deve governare chi ha i voti ».[55]

23-11-94 Arrivano a Milano i quattro ispettori mandati dal ministro Biondi. Borrelli e il pool decidono di rispondere a tutte le loro domande, salvo quelle eventuali su notizie coperte da segreto istruttorio.

6-12-94 Di Pietro, terminata la requisitoria del processo Enimont in cui ha chiesto più di trentacinque anni di carcere per ventiquattro imputati, fra i quali tutti i segretari del vecchio pentapartito, annuncia le sue dimissioni con gesto plateale, togliendosi la toga.

13-12-94 Silvio Berlusconi, accompagnato dagli avvocati Ennio Amodio e Giuseppe De Luca, si presenta a Palazzo di giustizia al pool di Milano. Lo interrogano Borrelli, Colombo e Davigo.

17-12-94 Bossi, Buttiglione e D'Alema annunciano due

mozioni di sfiducia al governo: una di Lega e Ppi, l'altra del Pds.

22-12-94 Dichiarazione alla Camera di Bossi: « Onorevole presidente, lo Stato non è lei. E dopo di lei non c'è il diluvio. Io oggi qui metto fine alla prima Repubblica. La Lega, onorevole presidente, le toglie la fiducia ». Berlusconi sale al Quirinale per dare le dimissioni. È crisi di governo.

14-1-95 Di Pietro ritorna al Palazzo di giustizia di Milano in occasione dell'inaugurazione dell'anno giudiziario e nega di voler diventare ministro.

18-2-95 Incontro ad Arcore tra Antonio Di Pietro e Silvio Berlusconi.

23-2-95 Il nuovo ministro di Grazia e Giustizia Filippo Mancuso invia gli ispettori per accertamenti presso la procura di Milano.

14-3-95 L'avvocato (e futuro ministro) Giovanni Maria Flick propone un'amnistia condizionata alla restituzione del maltolto e all'uscita dei colpevoli dalla vita pubblica.

3-4-95 Il generale della guardia di finanza Cerciello al processo di Brescia dichiara: « Nel carcere di Peschiera ho appreso che i magistrati del pool volevano far dire al maresciallo Nanocchio il nome di Silvio Berlusconi ».

13-4-95 Intervenendo alla trasmissione televisiva *Tempo reale* condotta da Michele Santoro, Silvio Berlusconi sostiene che Di Pietro non fosse d'accordo sull'invio dell'avviso di garanzia che lo aveva riguardato.

14-4-95 Dichiarazione di Borrelli: « Di Pietro ha smentito troppo poco rispetto alle cose dette da Berlusconi in tv [...]. Quello di Di Pietro è un silenzio colpevole che lui mantiene dal giorno della sua defezione ».

18-4-95 Cena a casa di Gherardo Colombo tra i sei componenti del pool (Borrelli, D'Ambrosio, Colombo, Greco, Davigo e Di Pietro) nel tentativo di capire perché Di Pietro non ha pubblicamente contraddetto l'affermazione di Berlusconi.

16-5-95 Il Plenum del Csm approva un documento critico nei confronti del pool.

20-5-95 Il pool chiede il rinvio a giudizio di Silvio Berlusconi, Paolo Berlusconi, il generale Cerciello e altri per le tangenti alla guardia di finanza (Mondadori, Mediolanum, Videotime e Telepiù).

13-6-95 Rinvio a giudizio per Silvio Berlusconi, per la presunta frode fiscale legata all'acquisto di terreni presso la sua villa di Macherio.[56]

23-6-95 Il pool compare davanti alla procura generale presso la corte di cassazione per difendersi dall'accusa di aver minacciato gli ispettori.
Dichiarazione del presidente Scalfaro a sostegno del pool: «Lascia molto perplessi vedere iniziare un'opera di demolizione nei confronti di uomini che hanno compiuto il loro dovere».

8-7-95 Nel discorso di chiusura del congresso del Pds D'Alema dichiara: «Basta con la giustizia spettacolo e con l'uso strumentale delle inchieste giudiziarie. Ci battiamo per una giustizia normale, dove la carcerazione preventiva sia un caso estremo e un'eccezione [...]. Dobbiamo mettere in campo il nostro garantismo. Se la destra vorrà capire questo discorso, su questo terreno può esserci il dialogo e la ricerca di una soluzione per Tangentopoli».

3-8-95 Approvata definitivamente a larga maggioranza dal Senato la riforma della custodia cautelare. La legge entrerà in vigore il 23 agosto.

6-9-95 Il ministro di Grazia e Giustizia Mancuso invia tre

ispettori al Palazzo di giustizia di Milano per indagare sul pool.

27-9-95 Tutti gli imputati del processo Enimont (ventitré) vengono condannati in primo grado dal tribunale di Milano.[57]

29-9-95 La sezione disciplinare del Consiglio superiore della magistratura, su conforme richiesta del procuratore generale presso la corte di cassazione, dispone « non farsi luogo al rinvio a dibattimento dei dottori Francesco Saverio Borrelli, Gerardo D'Ambrosio, Piercamillo Davigo e Gherardo Colombo perché sono risultati esclusi gli addebiti ».

Se Mani pulite ha avuto un inizio ben chiaro, che coincide con l'arresto di Mario Chiesa, non altrettanto può dirsi per la sua fine. La persistente attualità dei problemi sollevati dall'indagine e i nodi ancora irrisolti nel rapporto tra imprenditoria e politica e, più in generale, tra cittadino e Stato, rendono Mani pulite un capitolo forse ancora aperto della storia italiana.

Ai fini della presente pubblicazione riteniamo di terminare la cronologia con i lavori della Commissione bicamerale (1996-1998).

1996-1998: la vicenda della Commissione bicamerale

Nelle elezioni del 21 aprile 1996 la vittoria va alla formazione dell'Ulivo. Nel medesimo periodo avviene (da parte di Cesare Previti) la redazione del programma del Polo in materia di giustizia che ispirerà poi, nella Commissione bicamerale, buona parte della stessa bozza Boato. Nell'autunno del 1997 il pool chiede alla Camera l'arresto di Previti in relazione alle tangenti versate a giudici romani nella vicenda Imi-Sir. Di Cesare Previti[58] verrà negato l'arresto da una votazione alla Camera con trecentoquarantuno voti (comprendenti non solo forze dell'opposizione di centro-destra ma anche della stessa maggioranza) contro duecentoquarantotto. Nel contempo viene data vita alla Commissione bicamerale, sotto la presidenza di Massimo D'Alema, finalizzata alla riforma della seconda parte della Costituzione.

La Commissione bicamerale, in data 30 ottobre 1997, con il voto favorevole di tutti i partiti (eccetto Rifondazione comunista), approva la bozza presentata da Marco Boato, che sarà poi presentata alla Camera.

Il 22 febbraio 1998 il *Corriere della Sera* pubblica un'intervista a Gherardo Colombo dal titolo *Le riforme ispirate dalla società del ricatto*, che trova l'immediata reazione di gran parte delle forze politiche.[59] Valgano per tutte le parole del presidente della Bicamerale D'Alema: «Il bersaglio sono le riforme e per colpirle ci si traveste da rivoluzionari. Colombo è un estremista di sinistra, per lui la politica è il regno del male [...]».

Il ministro di Grazia e Giustizia Flick avvia la terza azione disciplinare contro Gherardo Colombo.[60] A causa della rottura degli equilibri politici che la sostenevano, la Bicamerale è andata estinguendosi nel 1998.

LE PAROLE DI MANI PULITE (E QUALCHE NUMERO)

Autorizzazione a procedere: l'articolo 68 della Costituzione italiana prevede che nessun deputato o senatore, salvo casi estremi (parlamentare colto nell'atto di commettere reati particolarmente gravi), possa essere arrestato, perquisito o intercettato senza autorizzazione della Camera alla quale appartiene. Per farlo, l'autorità giudiziaria deve chiedere detta autorizzazione, che non è più necessaria quando vi è una sentenza definitiva di condanna. In quest'ultimo caso, se il parlamentare deve scontare una pena detentiva, può essere incarcerato senza che sia necessaria alcuna autorizzazione. Prima della modifica costituzionale apportata all'articolo 68 della Costituzione nel 1993, era prevista l'autorizzazione a procedere anche per l'esercizio dell'azione penale da parte del pm.

Avviso di garanzia: il termine tecnico, quasi mai utilizzato nel gergo della cronaca giudiziaria, è « informazione di garanzia ». Si tratta di un atto dovuto da parte del pm, posto a tutela dell'indagato e della persona offesa dal reato. Attraverso l'informazione di garanzia il pm informa il soggetto che è indagato e in ordine a quali fatti, esponendo le norme di legge violate, indicando data e luogo del fatto per il quale si procede e invitando il destinatario alla nomina di un difensore di fiducia.

A causa dell'uso sensazionalistico che i mezzi di comunicazione di massa ne hanno spesso fatto, l'informazione di garanzia ha assunto presso l'opinione pubblica un significato che va oltre il suo valore di atto (dovuto) del procedimento penale.

Azione penale: verificata la fondatezza di una notizia di reato nella fase delle indagini preliminari, il pm, se ritiene di aver raccolto elementi idonei a sostenere l'accusa in giudizio, deve obbligatoriamente esercitare l'azione penale, disponendo, quando è previsto, o chiedendo al giudice il rinvio a giudizio dell'indagato che, dal quel momento, diviene ufficialmente imputato. In caso contrario il pm chiede l'archiviazione al gip. Nell'udienza preliminare il giudice dispone il rinvio a giudizio oppure emette sentenza di non luogo a procedere. In quest'ultimo caso l'ipotesi accusatoria è valutata dal giudice come inadeguata a reggere nel successivo giudizio.

Concussione: si tratta del più grave delitto contro la Pubblica amministrazione. È il reato commesso dal pubblico funzionario che, abusando della propria qualità o dei propri poteri, costringe o induce una persona a corrispondergli denaro o, come dice il codice, « altra utilità ». In sostanza, si tratta di una specie di estorsione commessa da un pubblico funzionario, e dunque di un reato del quale il privato cittadino è vittima.

Concussione ambientale: l'espressione indica una particolare forma di induzione del privato alla dazione a favore del pubblico funzionario. Il privato non sarebbe direttamente e personalmente intimorito dallo stesso, ma sarebbe suggestionato e costretto dalla diffusa e consolidata prassi del settore nel quale opera: egli vedrebbe cioè il pagamento del pubblico funzionario come inevitabile e indispensabile alla stessa sopravvivenza economica sua o della sua impresa.

Conto Protezione: si tratta del conto n. 633369 acceso presso l'Unione Banche Svizzere di Lugano. Fu aperto da Silvano Larini e, nei primissimi anni Ottanta, vi transitarono due somme versate a Craxi dal Banco Ambrosiano di Roberto Calvi, in relazione ad accordi tra lo stesso Ambrosiano e l'Eni (ente pubblico). Il conto fu scoperto nel marzo del 1981 dall'esame delle carte di Licio Gelli rinvenute a Castiglion Fibocchi, a seguito della perquisizione ordinata dai giudici istruttori di Milano. Ignorato dalla magistratura romana (l'indagine nell'ambito della quale il conto era stato scoperto – quella sulla P2 di Gelli – era stata trasferita per competenza nel 1981), il conto riemergerà durante Mani pulite a seguito delle rivelazioni di Silvano Larini, dopo il suo arresto nel 1993. Larini dichiarò che Craxi gli aveva chiesto di mettergli a disposizione il conto Protezione durante una passeggiata nel centro di Milano alla quale era presente anche Claudio Martelli, il « delfino » del leader socialista.

Corruzione: è un reato che può essere commesso in varie forme, di diversa gravità. In generale, il pubblico funzionario « vende » la propria funzione, facendosi dare da un privato del denaro per compiere o non compiere un atto dovuto, o per compiere addirittura un atto vietato. Poiché tra il privato e il pubblico funzionario c'è stato un accordo, nella corruzione, a differenza che nella concussione, sono puniti sia il corrotto (il pubblico funzionario) che il corruttore (il privato cittadino). La difesa classica del privato accusato di corruzione è sostenere di essere stato concusso, ossia costretto a pagare dal pubblico funzionario che ha abusato del proprio ruolo. Le difficoltà pratiche nel distinguere in concreto, durante il processo, tra corruzione e concussione hanno portato molti ad auspicare una unificazione delle due figure criminose.

In questa direzione andava anche la proposta dei magistrati di Milano illustrata a Cernobbio nel settembre del 1994 (e già anticipata da Gherardo Colombo nell'estate del 1992 su *Micromega*). Si prevedeva un unico reato che puniva sia il privato che il pubblico funzionario, con forti incentivi alla denuncia: innanzitutto la non punibilità di colui che, prima di essere indagato, avesse confessato il reato e restituito le somme illecitamente percepite.

Delitti contro la Pubblica amministrazione: si tratta di reati previsti dal codice penale e ritenuti lesivi dell'interesse a che la Pubblica amministrazione funzioni in modo corretto e imparziale (articolo 97 della Costituzione). Tra essi vi sono la concussione, la corruzione nelle sue varie forme, l'abuso d'ufficio, la turbativa d'asta e altri reati.

Dibattimento: fase pubblica successiva al rinvio a giudizio e nella quale si « forma » la prova. L'assunzione della prova avviene in contraddittorio tra l'accusa e la difesa, e sotto la direzione del giudice. Ciascuna parte è ammessa alla prova dei fatti rilevanti e alla prova contraria su quelli presentati dall'altra parte. Il dibattimento rappresenta una garanzia per l'imputato, che si trova in una condizione di parità con l'accusa, alla quale può contrapporre, con pienezza di mezzi, la propria ricostruzione dei fatti. La fase dibattimentale spesso è assai lunga e articolata (esame e controesame dei testimoni, perizie, altre richieste istruttorie eccetera).

Enimont: è il nome dato alla joint venture tra la società di Stato Eni e il colosso della chimica Montedison. L'affare, che non andò in porto, vide la Montedison, nella persona che ne era alla guida, Raul Gardini, pagare tangenti a varie forze politiche fin dall'inizio della complessa operazione, che poi naufragherà.

Fu chiamata la « maxitangente » o la « madre di tutte le tangenti » (circa centocinquanta miliardi di lire dell'epoca, ovvero oltre settantasette milioni di euro) e dette vita al processo più imponente e più celebre di Mani pulite: il dibattimento relativo al primo troncone del processo Enimont (imputato Sergio Cusani) fu ripreso dalle televisioni e molto seguito dall'opinione pubblica. Memorabili le discussioni, spesso accese, tra Di Pietro e l'avvocato di Cusani, Giuliano Spazzali. Cusani fu condannato e, nel successivo troncone del processo, arrivarono le condanne per i numerosi altri imputati, molti dei quali personalità politiche di primo piano. Le condanne furono quasi tutte confermate nei successivi gradi di giudizio.

Finanziamento illecito ai partiti: reato introdotto nel 1974 a seguito di scandali che avevano fatto emergere improprie commistioni tra poteri economici e partiti politici. L'intenzione del legislatore era quella di introdurre un finanziamento pubblico ordinario dei partiti, previsto per legge, vietando (o fortemente vincolando) altre opache forme di finanziamento. Le norme sul finanziamento pubblico dei partiti sono state soppresse con referendum popolare nel 1993, ma i finanziamenti sono stati sostanzialmente reintrodotti con la legge n. 157/1999, sotto il nome di rimborsi elettorali (termine improprio poiché le somme incassate dai partiti eccedono di gran lunga quanto necessario a fini elettorali, configurandosi quindi come vero e proprio finanziamento). La legge del 1974 (tutt'oggi in parte vigente) vieta i finanziamenti o i contributi ai partiti da parte di società pubbliche, enti pubblici o comunque organi della Pubblica amministrazione. Sono poi vietati i finanziamenti o i contributi da parte delle società private, salvo che ricorrano congiuntamente due requisiti: deliberazione del competente organo societario in ordine all'erogazione del finanziamento; regolare iscrizione a bilancio. Nel 1981 fu disciplinata anche l'erogazione di somme di denaro da parte del privato, consentita, ma con dei limiti e precise forme di pubblicità.

Negli anni di Mani pulite il delitto di illecito finanziamento ai partiti, per la commissione del quale molte aziende costituivano cospicue riserve di fondi neri all'estero, è stato uno dei reati più contestati. Nel pieno di Tangentopoli (1993) il Governo Amato, attraverso il cosiddetto decreto Conso, tentò di depenalizzare il finanziamento illecito ai partiti, senza riuscirvi.

Fondi neri Iri: si tratta di un'indagine iniziata a Milano nel 1983 riguardante fondi extrabilancio formati da due società partecipate dall'Iri (l'ente pubblico che allora controllava settori importanti dell'economia italiana). Le ingenti somme di denaro distratte sarebbero state utilizzate per attività di vario genere. Erano coinvolte eminenti personalità del mondo politico ed economico.

L'inchiesta milanese, dopo il trasferimento a Roma disposto dalla Cassazione nel 1984 per ragioni di competenza territoriale, si concluse per gran parte degli imputati con amnistie o soluzioni simili.

Gip: il giudice per le indagini preliminari « vigila » sulla fase delle indagini preliminari. È stato introdotto dal nuovo codice di procedura penale come garanzia per l'indagato. Il gip non ha poteri autonomi, ma provvede solo su istanza del pm o dell'indagato. Una delle sue principali funzioni è quella di decidere sulle richieste di applicazione di misure cautelari avanzate dal pm. Il gip decide anche in merito alla eventuale richiesta di archiviazione del pm.

Gradi di giudizio: il giudizio di primo grado avviene dinanzi al tribunale, dove si celebra il dibattimento, salvo che l'indagato non voglia essere giudicato dal gup (giudice dell'udienza preliminare) in udienza preliminare, scegliendo il giudizio abbreviato, o ricorra al patteggiamento. La sentenza del tribunale può essere impugnata in corte d'appello dall'imputato o dal pm. Contro la decisione della corte d'appello si può ricorrere alla corte di cassazione. Alla Cassazione possono essere sottoposte, con approssimazione, soltanto questioni di diritto (se la legge penale e processuale è stata correttamente applicata), incluse le questioni sulla completezza e sulla coerenza della motivazione della sentenza. La Cassazione non può occuparsi del « fatto » concreto, il quale, se la legge è stata correttamente applicata e il giudice ha fornito una motivazione idonea, è dato per accertato. Fino in Cassazione può essere rilevata la prescrizione del reato, che lo estingue e provoca l'annullamento dell'eventuale sentenza di condanna. Per reati particolarmente gravi (ad esempio l'omicidio) è competente la corte d'assise e, in secondo grado, la corte d'assise d'appello, nelle quali, a fianco dei due giudici professionali, siedono sei cittadini comuni (cosiddetti giudici popolari, estratti a sorte).

Indagini preliminari: è la prima fase del procedimento penale, nella quale il pm svolge le indagini necessarie per verificare la fondatezza o meno di una notizia di reato ricevuta. Conclusa questa fase, può chiedere l'archiviazione al gip oppure disporre o chiedere il rinvio a giudizio dell'indagato al gup. Per legge le indagini preliminari hanno una durata prestabilita, al termine della quale il pm, se non ha raccolto elementi di prova, deve chiedere l'archiviazione. Il pm può chiedere al gip di prorogare i termini per un certo periodo.

Misure cautelari: per la Costituzione italiana (articolo 27) nessuno è considerato colpevole se non in base ad una sentenza di condanna definitiva, ossia passata in giudicato. Tuttavia, in presenza di gravi indizi di colpevolezza, spesso è opportuno che un soggetto sia sottoposto a misure cautelari durante il procedimento penale per scongiurare il pericolo che inquini le prove, si dia alla fuga, o reiteri il reato. Durante le indagini preliminari è il gip, su richiesta del pm, a disporre, se ricorrono i presupposti di legge, la misura cautelare (detta impropriamente, nel caso della custodia in carcere, «ordine di cattura» o «mandato di cattura», con terminologia presa dal vecchio codice di procedura). La misura più drastica è la custodia cautelare in carcere, seguita, in ordine decrescente di gravità, dagli arresti domiciliari. Il provvedimento del gip che dispone la misura cautelare può essere impugnato dall'imputato. Il provvedimento del gip che nega la misura può essere impugnato dal pm davanti al tribunale del riesame. Sia l'imputato che il pm (rispettivamente, in caso di accoglimento o di diniego della misura richiesta) possono successivamente ricorrere in Cassazione. È possibile quindi impugnare la decisione del gip fino in Cassazione, con un totale di nove giudici ad occuparsi del caso.

Nel corso degli anni Novanta si sono susseguiti provvedimenti legislativi che hanno maggiormente «vincolato» i pm nelle richieste di misure cautelari, soprattutto per quel che riguarda la custodia in carcere.[61]

Notizia di reato: si tratta di un'informazione nella quale si configura un fatto previsto dalla legge come reato. Essa può essere data, da chiunque, all'autorità giudiziaria o a soggetti che abbiano l'obbligo di riferire a quest'ultima, oppure altrimenti appresa dal pm. Una notizia di reato può essere contenuta in una denuncia, in un esposto, in una querela e così via. I comportamenti che costituiscono reato sono descritti nel codice penale o in altra legge e mai in provvedimenti amministrativi o altri atti. Non appena il pm apprende una notizia di reato deve iscriverla nell'apposito registro, verificarne la fondatezza e, se ravvisa gli estremi di un reato, ha l'obbligo di esercitare l'azione penale (articolo 112 della Costituzione).

P2 (Propaganda due): si tratta della loggia massonica deviata facente capo al maestro «venerabile» Licio Gelli, il quale, a partire dagli anni Settanta, aveva raccolto affiliati tra i settori nevralgici della società italiana: politici, tra cui alcuni ministri, altissimi ufficiali dell'esercito, importanti funzionari amministrativi, magistrati, forze dell'ordine, esponenti dei servizi segreti, imprenditori, direttori di giornali. La lista degli iscritti alla loggia fu scoperta dai giudici istruttori di Milano nel 1981, nell'ambito delle indagini su Michele Sindona (anch'egli iscritto alla P2), durante una perquisizione a Castiglion Fibocchi, vicino ad Arezzo.

La lista fu resa nota ufficialmente due mesi più tardi dal presidente del Consiglio Forlani. Il governo si dimise a giugno in una bufera di polemiche. La successiva legge 25 gennaio 1982, n. 17, all'articolo 5 dispose che « l'associazione segreta denominata 'Loggia P2' è disciolta. Il ministro dell'Interno, sentito il Consiglio dei ministri, provvede alle conseguenti misure, inclusa la confisca dei beni ». Fu poi istituita una Commissione parlamentare d'inchiesta sulla loggia P2, presieduta dall'onorevole democristiana Tina Anselmi.[62]

Patteggiamento: il codice di procedura penale prevede l'istituto dell'applicazione della pena su richiesta delle parti, meglio conosciuto come « patteggiamento ». In sintesi, su richiesta dell'imputato o del pm e previa valutazione di congruità da parte del giudice, può essere applicata una pena diminuita fino a un terzo, e sulla quale pm e imputato o indagato concordano. Il giudice può accogliere la richiesta anche in presenza di dissenso del pm, il quale potrà appellare la sentenza (che, invece, se il pm presta il consenso, è inappellabile). Il patteggiamento è consentito soltanto entro un certo limite di pena. Tecnicamente non rappresenta una condanna, né un'ammissione di responsabilità. Presenta indubbi vantaggi per l'imputato (o indagato), a fronte della sua rinuncia al dibattimento. Il patteggiamento, infatti, evita tra l'altro la pubblicità del dibattimento e, soprattutto, non comporta l'irrogazione di pene accessorie, spesso temute (ad esempio l'interdizione dai pubblici uffici), non è utilizzabile in altri giudizi (disciplinari, civili, amministrativi), non comporta il pagamento delle spese processuali. Inoltre, il reato si estingue se per un certo periodo di tempo l'imputato non commette altro reato dello stesso genere. Si tratta di un istituto di matrice anglosassone introdotto con il nuovo codice di procedura penale e che tende a limitare i costi del dibattimento per la collettività allo stretto necessario.

Durante Mani pulite i pm concessero parere favorevole a molti patteggiamenti, cui ricorsero soprattutto i corruttori (di solito imprenditori), facendo uscire di scena una moltitudine di accusati che patteggiarono pene relativamente basse nella fase delle indagini o in udienza preliminare.

Prescrizione: la prescrizione è la « rinuncia » dello Stato a reprimere un certo reato, dovuta al passare di un certo periodo di tempo fissato dalla legge, oltre il quale prevalgono esigenze di certezza delle situazioni personali e relazionali: il reato perciò si estingue e il processo si interrompe con il proscioglimento dell'imputato. L'imputato può sempre rinunciare alla prescrizione ed attendere la pronuncia nel merito, cosa che raramente avviene.

Molti dei reati perseguiti nell'inchiesta Mani pulite si sono estinti, nei gradi successivi al primo, per intervenuta prescrizione.

Pubblico ministero: è un magistrato al pari del giudice, con il quale condivide le modalità di accesso alla magistratura tramite concorso. Il pm è l'« investigante », la pubblica accusa, mentre il giudice è il «giudicante». In Italia il principale compito del pm, affidatogli dalla Costituzione, è quello di esercitare l'azione penale in relazione ai reati dei quali abbia notizia (articolo 112 della Costituzione). Avuta notizia di un reato, svolge le indagini necessarie per verificare se sia stato commesso o no, disponendo della polizia giudiziaria. Se ritiene che il reato sia stato commesso e lo può dimostrare, porta l'imputato a giudizio, dove rappresenta la pubblica accusa e tutela l'interesse dello Stato alla punizione delle effettive responsabilità di reato. Come tale, è tenuto a raccogliere elementi sia a sfavore sia a favore dell'indagato. Dal punto di vista organizzativo, i pm fanno capo alle procure della Repubblica, dislocate presso i vari tribunali. Al vertice di ogni procura vi è il procuratore della Repubblica. A seguire, gli eventuali procuratori aggiunti e, infine, i sostituti procuratori.

Per quel che riguarda Mani pulite Borrelli era il procuratore della Repubblica di Milano. D'Ambrosio era procuratore aggiunto, mentre Colombo, Davigo, Di Pietro, e, per certi periodi, Greco, Boccassini, Ielo, Ramondini e Parenti erano sostituti procuratori.

Rito abbreviato: è un rito speciale previsto dal codice di procedura penale. Come nel caso del patteggiamento, non si fa luogo al dibattimento. Fino al 1999 la posizione dell'imputato era definita dal gup in udienza preliminare allo stato degli atti, ossia sulla base delle prove raccolte sino a quel momento dal pm. Fino alle modifiche apportate al codice nel 1999, per accedere al giudizio abbreviato era obbligatorio il parere favorevole del pm. In caso di condanna, la pena è diminuita di un terzo.

Durante Mani pulite i pm furono spesso favorevoli al rito abbreviato, che comportava pene ridotte, ma immediate e sicure. Molti imputati vi ricorsero per beneficiare dell'importante sconto di pena e per evitare la pubblicità e il clamore del dibattimento.

Udienza preliminare: si tratta di un'udienza-filtro che si colloca al termine delle indagini preliminari per far sì che il dibattimento abbia luogo solo nel caso in cui l'accusa appaia idonea, allo stato, ad essere successivamente confermata (non è detto che poi lo sia). Nella fase dell'udienza preliminare, l'imputato può optare per definire subito la propria posizione (sulla base di quanto raccolto a suo carico e discarico fino a quel momento) attraverso i cosiddetti riti alternativi, come il patteggiamento o il rito abbreviato. In tali casi il giudice decide subito, senza che vi sia il dibattimento. Se l'imputato non decide di procedere con rito alternativo, gli esiti dell'udienza preliminare possono essere due: se il giudice ritiene l'accusa formulata dal pm idonea ad essere sostenuta, dispone il giudizio; se la ritiene non idonea, non si fa luogo al giudizio (sentenza di non luogo a procedere).

Durante Mani pulite molti degli accusati preferirono definire la loro posizione in udienza preliminare (che non è pubblica), patteggiando per uscire subito di scena ed evitare la pubblicità del dibattimento, oltre che ottenere consistenti sconti di pena.

Qualche numero

Si riportano alcuni dati estratti dall'approfondito lavoro *La corruzione in Italia*, a cura di Piercamillo Davigo e Grazia Mannozzi, Laterza, Roma, 2007.

Le notizie di reato iscritte a registro presso la procura della Repubblica di Milano negli anni di Mani pulite riguardavano complessivamente 4520 persone (tenendo conto solo di quelle per le quali non è stata chiesta l'archiviazione dal pm).

Per oltre 3200 persone è stato richiesto il rinvio a giudizio, mentre per 1320 vi è stata la trasmissione degli atti ad altra autorità giudiziaria.

Di quelle 3200 persone e oltre, 1688 sono state gestite a livello di udienza preliminare: 620 condannate (inclusi i patteggiamenti), 635 prosciolte (di cui 314 per prescrizione), 433 trasmesse ad altra autorità giudiziaria, 99 stralciate.

Sono state rinviate a giudizio dal gup 1322 persone. Di queste, 661 sono state condannate (sono inclusi 345 patteggiamenti), mentre 476 sono state assolte (solo 177 nel merito).

Se si considerano solo le posizioni definite a Milano, in totale le prescrizioni hanno interessato 586 persone su oltre 2650 (pari a circa il 22%). Confrontando tale percentuale con quella delle condanne intervenute (circa il 48%) si può vedere che il rapporto è di circa uno a due.

I reati denunciati per concussione e corruzione hanno manifestato un vistoso incremento nel '92 e nel '93, in concomitanza con Mani pulite, per poi progressivamente diminuire negli anni seguenti. La stessa scansione temporale vale per i reati di concussione e corruzione accertati. Per i reati commessi a partire dal '94 il livello delle condanne è decresciuto sensibilmente e progressivamente, complici anche varie modifiche legislative sopravvenute.

Dalla lettura delle relazioni del procuratore generale della corte dei conti (inaugurazioni dell'anno giudiziario 2010 e 2011) emerge che in Italia il fenomeno della corruzione è in aumento, con grande danno per le casse dello Stato e senza che si frappongano a ciò serie iniziative di contrasto.

Il costo della corruzione in Italia è stimato tra i cinquanta e i sessanta miliardi di euro l'anno (*Memoria del procuratore generale*, 2008).

GLI ASPETTI ECONOMICO-FINANZIARI DI MANI PULITE

Il danno prodotto dalla tangente è costituito da:

- una sottrazione di risorse al mondo produttivo;
- l'aggravio per il bilancio della Pubblica amministrazione;
- il conseguente maggior onere fiscale per la collettività;
- la distorsione delle scelte di investimento da parte dei corrotti, indirizzate verso iniziative più lucrose (per loro);
- il vantaggio competitivo di cui godono le imprese « disoneste »;
- la possibilità che un appalto, ottenuto grazie alla tangente, non venga poi eseguito secondo lo standard di qualità inizialmente dichiarato;
- l'estensione di una cultura di tipo clientelare, con conseguenze negative sul tessuto sociale e sulle basi stesse della democrazia.

Si può presumere che con l'aumento dei casi di corruzione possa ridursi la possibilità di venire scoperti. Ne consegue che, riducendosi il rischio, si riduca anche il prezzo della tangente.

Non è facile quantificare in termini monetari i danni prodotti dalla corruzione. Va segnalato a questo proposito che i pur numerosi studi al riguardo hanno prevalentemente carattere giuridico, mentre sono decisamente più rari quelli di tipo economico-finanziario. Gli economisti, inoltre, tendono inevitabilmente a produrre stime approssimative e, come tali, anche molto divergenti fra loro.

A livello internazionale, le più serie statistiche in questo campo sono affidate, oltre che al Fondo monetario internazionale e alla Banca mondiale, all'organizzazione non governativa Transparency International, che per i singoli Paesi misura un indice di percezione della corruzione chiamato Cpi (*Corruption Perception Index*).

L'Italia, come evidenziato nei grafici a seguire, è al penultimo posto tra i Paesi Ue per corruzione percepita, e comunque più vicina alle medie dei Paesi in via di sviluppo che a quelle dei Paesi avanzati.

Aspetti quantitativi della corruzione

Un serio tentativo di quantificazione per l'Italia è stato effettuato da Marco Arnone ed Eleni Iliopulos, che stimano in circa sessanta miliardi di euro all'anno il danno prodotto dalla corruzione. Nel saggio *La corruzione costa* (Vita e Pensiero, Milano, 2005) i due autori evidenziano come a metà degli anni Novanta, grazie all'azione di Mani pulite, si sia verificata una riduzione della corruzione interna, mentre a partire dal 2001 si registra una tendenza al peggioramento. Da parte sua, il giurista Gabrio Forti sostiene che al tempo di Tangentopoli si erano calcolati, per il periodo 1980-92, costi aggiuntivi addebitabili alla corruzione compresi tra i 15.000 e i 30.000 miliardi di lire (pari a circa 8 e 16 miliardi di euro), al ritmo di circa 2000 miliardi di lire all'anno di tangenti (pari a circa un miliardo di euro), con un costo quantificato nel 23% del totale degli utili realizzati nel 1992 dalle aziende italiane.

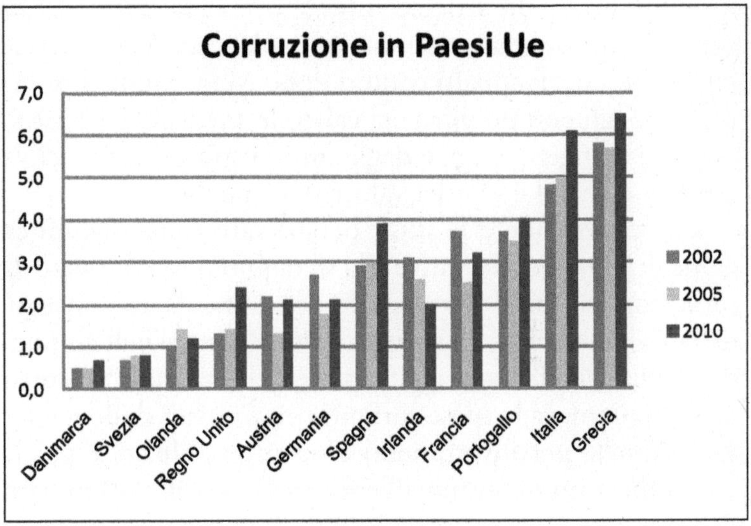
Corruzione in Paesi Ue
7,0
6,0
5,0
4,0
3,0
2,0
1,0
0,0
2002
2005
2010
Danimarca
Svezia
Olanda
Regno Unito
Austria
Germania
Spagna
Irlanda
Francia
Portogallo
Italia
Grecia

Confronto della corruzione tra Italia e estero
8,0
7,0
6,0
5,0
4,0
3,0
2,0
1,0
0,0
Italia
Paesi emergenti
Paesi industr.
1995 1996 1997 1998 1999 2000 2001 2002 2003 2004

Sul tema, in un articolo intitolato *Il costo della tangente* (on line su www.altraeconomia.it), Alberto Vannucci segnala che « negli appalti banditi dopo Mani pulite il prezzo pagato dagli enti pubblici era calato in media del 40-50% » e che « le tangenti pagate dagli amministratori pubblici variavano dal 3 al 15% del valore dell'appalto ».

Interessanti anche le stime per arrivare a una quantificazione delle tangenti relative alla sfera pubblica effettuate dal professor Giovanni Somogyi in occasione di un convegno della rivista del Partito socialista *Mondoperaio* nell'autunno del 1992. Poiché la maggior parte dei fenomeni di corruzione riguardava le spese correnti per acquisto di beni e servizi e quelle per investimenti e opere pubbliche, e poiché entrambe ammontavano all'epoca a circa 130.000 miliardi di lire annue (pari a circa 67 miliardi di euro), considerando che circa il 50% della spesa pubblica potesse essere oggetto di corruzione e che le aliquote di illecito potevano variare dal 3% al 20% (con una media del 5%), Somogyi aveva concluso che l'importo complessivo annuo dei costi delle tangenti potesse collocarsi attorno ai 3-4mila miliardi di lire (pari a circa 1,5-2 miliardi di euro). Calcolando poi la tangente media in 50 milioni di lire, Somogyi stimava in 60-80.000 unità i responsabili di fenomeni corruttivi.

A suo parere, però, solo una piccola parte dei proventi da tangente perveniva direttamente ai partiti politici; in gran parte essi servivano infatti a finanziare le spese elettorali di deputati (il cui costo medio per essere eletti ammontava a 500 milioni di lire) e senatori (con un costo di elezione ridotto a circa 100 milioni di lire).

Infine, nel volume *Liberista? Liberale* (Donzelli, 1996) l'economista Mario Deaglio, riferendosi a Tangentopoli, stimava in 10.000 miliardi di lire annue (pari a circa 5 miliardi di euro) il costo annuo della corruzione.

Anche da numerose testimonianze del periodo di Mani pulite si può ricavare qualche interessante dato quantitativo.

Come riportato nel testo *Mani pulite. La vera storia* di Barbacetto, Gomez, Travaglio (Editori Riuniti, 2002), Severino Citaristi, segretario amministrativo della Dc, sosteneva che l'apparato nazionale del partito costava 60 miliardi di lire all'anno (pari a circa 31 milioni di euro), di cui 20 miliardi di lire (pari a circa 10 milioni di euro) erano frutto di tangenti.

Il settimanale *Il Mondo* nel maggio 1992 valutava il costo chilometrico della linea Tre della metropolitana milanese in 190 miliardi di lire (pari a circa 98 milioni di euro), contro i 45 miliardi al chilometro della metropolitana di Amburgo.

Il 16 marzo 1992 il *Corriere della Sera* segnala che in sei anni Mario Chiesa avrebbe distribuito mazzette per 180 miliardi di lire (pari a circa 93 milioni di euro).

Giuseppe Turani, sul *Corriere della Sera* del 25 aprile 1992, riferisce che per il solo « affaire » del Pio Albergo Trivulzio (« Baggina ») sono state ammesse tangenti per 150 miliardi di lire (pari a circa 77 milioni di euro) nell'arco di dieci anni. Aggiunge che « si tratta di un centesimo o di un millesimo di quanto è stato effettivamente pagato a Milano in questi anni per avere appalti o commesse pubbliche ».

Nel giugno del 1992 vengono stimate in 15-21 miliardi di lire (pari a circa 8-11 milioni di euro) in un decennio le tangenti relative alla Sea (Società degli aeroporti milanesi). In un saggio pubblicato su *Cuore e critica* del 4 novembre 1992 si calcola che le tangenti rappresentino nel complesso, direttamente e indirettamente, un quarto del deficit pubblico annuo. L'importo complessivo come maggiori costi, diretti e indiretti, relativo al solo 1991 arriva a 28.634 miliardi di lire (pari a circa 15 miliardi di euro).

Il 19 gennaio 1993, nella relazione per l'inaugurazione dell'anno giudiziario, il procuratore generale di Milano Giulio Catelani rivela che l'anno precedente erano state scoperte tangenti per oltre 300 miliardi di lire (pari a circa 155 milioni di euro).

Nell'aprile 1993 uno studio della britannica SG Warburg effettuato in collaborazione con il Centro Einaudi rivela che il 23% degli utili delle aziende italiane sarebbe finito nelle tasche dei politici. Le somme versate nel giro di dodici anni ammontavano, secondo lo studio, a cifre oscillanti tra i 10 e i 20 miliardi di dollari.

A giugno 1993, in seguito a Mani pulite, si realizzarono rilevanti riduzioni dei costi degli appalti per le opere relative al passante ferroviario di Milano: da una base d'asta di 53 miliardi di lire (pari a oltre 27 milioni di euro), le opere sono state aggiudicate, con una riduzione del 63%, a 19,5 miliardi di lire (pari a circa 10 milioni di euro).

Nel luglio 1993 il nuovo presidente di Metropolitana Milanese Giuliano Asperti riferisce che un appalto del passante ferroviario, che aveva come base d'asta l'importo di 138 miliardi di lire (pari a oltre 71 milioni di euro), è stato aggiudicato a poco più di 48 miliardi di lire (pari a circa 25 milioni di euro), con un ribasso del 65%.

La « madre di tutte le tangenti », relativa a Enimont, ammontava a circa 150 miliardi di lire (pari a circa 77 milioni di euro).

MANI PULITE E LA STAMPA

Il rapporto tra l'inchiesta di Mani pulite e la stampa italiana si è caratterizzato, almeno nella fase iniziale, per il sostegno dato al lavoro dei magistrati. Le critiche agli eccessi di « giustizialismo » hanno iniziato però ad emergere già in occasione dei suicidi di Cagliari e Gardini, nel luglio 1993. All'inizio del 1994, con la discesa in campo di Silvio Berlusconi, nella stampa moderata si nota una flessione generalizzata del consenso all'inchiesta. In particolare, il *Corriere della Sera*, auspicando forse una svolta in senso liberale con l'avvento di Berlusconi, assume posizioni via via più sfumate. E quando, a fine '94, il premier riceve il primo avviso di garanzia (si trattava più precisamente di un invito a comparire), parte della stampa d'opinione inizia a prendere più nettamente le distanze dal « radicalismo » e dal « giustizialismo » della procura milanese.

Davanti all'arresto di Mario Chiesa, il 17 febbraio 1992, le reazioni dei principali quotidiani non sempre sembrano cogliere la decisiva importanza che il fatto avrebbe assunto in seguito, tanto è vero che la notizia viene in genere relegata nella locale cronaca milanese.

Bustarelle alla Baggina, choc a Palazzo: così Alessandro Sallusti, sul *Corriere della Sera* del 19 febbraio 1992, titola un articolo di cronaca nel quale riporta la netta presa di distanza del Psi dall'episodio. « Il Psi non ha speso una parola in sua difesa [di Chiesa, *N.d.R.*] », riferisce l'autore, riportando le parole del segretario provinciale Bruno Falconieri: « Ribadiamo la più assoluta estraneità del partito rispetto ai fatti e agli addebiti mossi all'ingegner Mario Chiesa ». Tuttavia, Sallusti nota che « il più imbarazzato di tutti è il segretario cittadino e consigliere comunale Bobo Craxi », il figlio del premier dell'epoca, sostenuto dallo stesso Chiesa in campagna elettorale.

In un altro articolo, il *Corriere* riferisce la replica del procuratore Francesco Saverio Borrelli ad alcuni rilievi mossigli dallo stesso segretario cittadino: « La procura della Repubblica, io personalmente e tutti i magistrati, a cominciare da quello che ha svolto l'operazione, siamo talmente al di sopra del piano su cui può essere proferita una frase che allude alla campagna elettorale, che non intendo spendere neanche un fiato per contestare queste illazioni ».

In un editoriale sulla *Repubblica* del 20 febbraio 1992 Giorgio Bocca esordisce così: « Indignato nessuno, non usa più. Rosso di vergogna, stufo marcio di questo schifo, nauseato di questa politica come furto sistematico nessuno, cose da moralisti ». Poi sottolinea la reazione, a suo avviso anomala, del Psi, denunciando senza mezzi termini « una indecente illegalità legalizzata ai danni dello Stato perpetrata proprio dai funzionari che lo Stato dovrebbero proteggere dai furfanti associati », per concludere che « pare chiaro dalla miserevole vicenda milanese, che la tangente del dieci per cento è una regola canonica. Se no, Mario Chiesa non l'avrebbe richiesta a una piccola azienda di pulizia per un modesto appalto da centoquaranta milioni ».

In quell'occasione, l'organo di stampa che assume la posizione più critica è *l'Unità*. Dopo aver sottolineato che la notizia è « arrivata a Palazzo Marino [sede del comune di Milano, *N.d.R.*] come una bomba », il quotidiano si chiede se l'episodio sia isolato o se faccia parte di un'indagine più ampia. In un fondo dal significativo titolo *A colpi di mazzetta contro la democrazia*, comparso sulle pagine di cronaca milanese del 19 febbraio 1992, Michele Urbano denuncia: « Siamo di fronte ad un mondo che sembra vivere la logica delle tangenti come una dimensione di 'normalità diffusa' [...]. Una prassi tanto comune che ha diffuso metastasi in tutto il tessuto sociale ». E così conclude: « Il piccolo imprenditore che ha incastrato Mario Chiesa può averlo fatto per mille ragioni. Testimonia comunque una ribellione che serpeggia verso un sistema alle corde che tuttavia continua a riprodurre imperterrito vecchie immoralità, indifferente alle macerie che si stanno accumulando attorno. È qui il dramma vero. È la sindrome del *Titanic* ».

L'ipotesi che il fatto rappresentasse in realtà solo la punta di un iceberg trova conferma poco più di due mesi dopo, quando gli ex sindaci milanesi – entrambi del Psi – Carlo Tognoli e Paolo Pillitteri ricevono due avvisi di garanzia: ricettazione per il primo, ricettazione e corruzione per il secondo.

Sul *Corriere* del 3 maggio 1992 Giulio Anselmi, in un editoriale intitolato *La torta è finita*, afferma con nettezza: « Tognoli e Pillitteri sono entrambi socialisti, legati da vincoli, nel secondo caso anche di parentela, al leader del Psi Bettino Craxi: e ciò autorizza a dire che con loro viene giudicata la gestione a guida socialista di Milano ». E prosegue: « Chi avrà ancora il coraggio, di fronte a certe denunce, di parlare di qualunquismo? È di moda giocherellare con la vecchia e gloriosa qualifica di 'capitale morale' e [...] ironizzare sulla sua trasformazione in 'capitale delle tangenti' [...]. Ma [...] è fin troppo evidente che nessun primato morale può essere rivendicato da nessuno, in questo Paese, con buona pace delle Leghe. I partiti hanno abbandonato ogni progettualità e ai grandi disegni dei fondatori della Repubblica hanno sostituito gli schizzi dei geometri compiacenti ».

In maggio Severino Citaristi riceve il primo avviso di garanzia. I tempi sono ormai maturi per portare la questione direttamente in Parlamento, dove il primo giugno si discutono le autorizzazioni a procedere a carico dei due ex sindaci milanesi.

Nel fare il resoconto della seduta della Camera, nella quale sono chiamati in causa anche esponenti di Pri, Pds e Psdi, il *Corriere* del 3 giugno 1992 tuona: « Eccolo, il governo ombra delle mazzette. Eccolo, il manuale della ruberia. Un quarto al partito socialista. Un quarto alla Dc. Un quarto al Pds. L'ultimo quarto da dividere tra il partito repubblicano e il Psdi [...]. Un sistema cristallizzato e immutabile, gestito da zar e boiardi che esigevano il pizzo da anni, facendo cadere di fatto i costi del malaffare sulla collettività ».

Due giorni più tardi Giovanni Maria Bellu sulla *Repubblica* introduce un tema che si rivelerà di fondamentale importanza nell'analisi dei rapporti fra politica e magistratura: la legge sull'immunità parlamentare. « Nella scorsa legislatura su 361 richieste di autorizzazione a procedere ne sono state concesse appena 43. Delle restanti, 191 sono state respinte e 83 non sono state nemmeno discusse. 'Impunità parlamentare.' »

Il 3 luglio 1992 segna una data storica nella vicenda: Bettino Craxi – che inizialmente aveva definito Mario Chiesa « un mariuolo isolato » – riferisce alla Camera sullo stato e la posizione del partito. Tutti colpevoli, nessuno colpevole, sostiene, in sintesi, nel discorso di fiducia al nuovo governo Amato. Quindi « nessun partito è in grado di scagliare la prima pietra ».

« La tesi di Craxi è semplice », riferisce l'indomani Paolo Franchi sul *Corriere*: « Se gran parte di questa materia dev'essere considerata puramente criminale, allora gran parte del sistema sarebbe criminale».

Critico il commento di Giovanni Valentini sulla *Repubblica*: «Per quanto accompagnata dai buoni propositi di provvedere ai rimedi, la confessione pubblica del leader socialista risulta quantomeno tardiva e opportunistica. Bisognava aspettare l'operazione Mani pulite del giudice Di Pietro per accorgersi di tutto ciò?»

Impegnato nella comprensibile difesa del leader socialista, *Avanti!* dà ampio spazio alla tesi del «chi è senza peccato scagli la prima pietra». Nell'edizione del 4 luglio 1994, Igor Pellicciari nell'articolo *Questione morale, una risposta forte*, sostiene la teoria di Mani pulite come complotto politico: «La lucida e realistica analisi compiuta da Craxi sullo stato del finanziamento ai partiti ha fatto ancora una volta emergere la suddivisione tra quanti considerano questo un serio problema e quanti invece preferiscono dare spazio strumentale solo a singoli provvedimenti giudiziari».

Il 5 luglio 1992 un altro articolo del quotidiano socialista a cura di Francesco Ghidetti riporta anche la polemica tra Craxi e il leader Pds D'Alema, nella quale il segretario socialista si rifiuta di accettare critiche dal Pds in quanto erede del Pci: «È estremamente fastidioso veder salire in cattedra a fare prediche proprio i figli di una nomenklatura che [...] è sempre stata superfinanziata dal Pcus, dal Kgb e dai regimi del patto di Varsavia».

Quando il segretario del Psi riceve il primo avviso di garanzia, nel dicembre del 1992, sia il *Corriere* che *la Repubblica* non esitano a celebrare la fine di un'epoca e a produrre un'analisi *post mortem* di ciò che il craxismo ha significato.

Sul *Corriere* del 16 dicembre 1992 compare un articolo di Paolo Franchi dal titolo *«Craxismo», tramonto di un'epoca.* La causa dei disastri presenti del partito ha avuto origine, secondo Franchi, « nell'affollarsi, attorno al Capo che vince e al partito che non sa che farsene delle ideologie, di una multicolore schiera di aspiranti yuppies, rampanti, personaggi che non cercano neanche più i soldi per fare la politica, ma fanno la politica per cercare sempre altri soldi. E Bettino vedeva, Bettino sapeva, Bettino se ne preoccupava? Più che altro, Bettino governava ».

Lo stesso giorno, in un'intervista a Craxi presso l'hotel Raphael, sua residenza romana, sulla *Repubblica* Barbara Palombelli ci descrive il leader socialista tranquillo e quasi sprezzante mentre dichiara che il procedimento della procura di Milano a suo carico rappresenta « un'iniziativa del tutto infondata che si trasforma in una vera e propria aggressione contro la mia persona secondo finalità che possono essere politiche ma non certo di giustizia ». Craxi in sostanza denuncia un complotto e ripropone la questione come un'antitesi tra potere politico e potere giudiziario.

L'editoriale di Eugenio Scalfari sulla *Repubblica* del 16 dicembre, è intitolato *Un cumulo di macerie* e pone con chiarezza i termini della questione: « Si vedrà ora se la giunta delle autorizzazioni della Camera consegnerà il segretario socialista al suo giudice naturale. Sarebbe grave se ciò non avvenisse e gravissimo se l'imputato non fosse lui in persona a sollecitare quell'autorizzazione ». Per sgombrare il campo da eventuali accuse di strumentalizzazione politica Scalfari aggiunge: « È spiacevole che il giudizio politico sulla tornata elettorale debba intrecciarsi con questa vera e propria bomba giudiziaria, ma a guardar bene si tratta delle due facce della stessa medaglia ».

Nella stessa occasione dell'avviso di garanzia al segretario socialista, il 18 dicembre 1992 Vittorio Feltri, direttore dell'*Indipendente*, nell'articolo *Umiliati e offesi* chiama in correità l'intera classe dirigente: non solo Craxi (definito come « Il cinghialone ») a suo parere è colpevole, ma anche « se il Psi nel furto non ha uguali [...] la Dc o il Pds non sono da sottovalutare [...]. E allora quando i carabinieri busseranno in piazza del Gesù [sede della Dc, *N.d.R.*] e a Botteghe Oscure [sede del Pds, *N.d.R.*]? Sarà sempre troppo tardi ».

Il 13 gennaio 1993 la Camera nega l'autorizzazione a procedere nei confronti del leader socialista con 180 voti contro 169, e il ministro di Grazia e Giustizia Claudio Martelli si dimette per la sua implicazione nell'indagine sul conto svizzero Protezione.

La vicenda Craxi non è però conclusa e la discussione sulla necessità di una riforma della legge sull'immunità parlamentare si riaccende, insieme all'indignazione dell'opinione pubblica, dopo che, il 29 aprile, la Camera nega due delle autorizzazioni a procedere formulate dalla procura di Milano, relative ai reati di corruzione continuata e ricettazione; accoglie invece quella del finanziamento illecito ai partiti e quella relativa al reato di corruzione chiesta dalla procura di Roma.

Paolo Graldi sul *Corriere* del giorno dopo scrive: « Era in discussione qualcosa di più dei 41 'fatti reato' addebitati all'ex segretario del Psi: si giocava l'ultimo tempo di una partita che va avanti da un anno e mezzo e che lo scorso dicembre ha toccato il punto più caldo con il primo avviso di garanzia, e che ha aspramente contrapposto la linea di condotta dei magistrati del pool di Borrelli con quella, altrettanto determinata, di un uomo che ha governato il partito socialista per 15 anni da via del Corso e il Paese per 4 da Palazzo Chigi. Si confrontavano, contrapponendosi, la richiesta di trascinare davanti ai giudici uno dei leader politici più autorevoli e potenti, indiziato come responsabile di corruzione, concussione, ricettazione, rastrellamento illecito di fondi, e la tesi difensiva che vede in una sorta di 'complotto' politico ideologico, variamente orchestrato, un disegno destabilizzante contro la stessa struttura e sopravvivenza dei partiti ».

L'indignazione popolare è descritta dalla *Repubblica* nell'editoriale *E l'Italia offesa alza la voce* del 1° maggio 1993. « Non sarà una rivoluzione », sostiene lapidario l'autore, Mino Fuccillo, « ma di certo è una rivolta: di stomaco. Politica andata a male, scarti di furbizia parlamentare, muffa cresciuta al posto che fu della morale: stavolta la dose inflitta è stata grande, troppo grande per ogni possibilità di digestione. E da trentasei ore ininterrottamente, ossessivamente, appena un italiano ne incontra un altro prima si dicono: 'Che vergogna' e poi aggiungono: 'Ciao'. »

Nel luglio del 1993 si verificano quasi contemporaneamente due suicidi: quello di Gabriele Cagliari, presidente dell'Eni, che si soffoca in carcere con un sacchetto di plastica e, tre giorni dopo, quello dell'imprenditore Raul Gardini, ormai sicuro di essere indiziato per la maxitangente Enimont.

L'eco di stampa è immediata. Il *Corriere della Sera*, che fino ad allora aveva di fatto sostenuto Mani pulite, nel dare notizia del suicidio di Cagliari assume una posizione molto critica nei confronti della procura milanese. Il 23 luglio Marco Nese sostiene che l'indagato « aveva appena accettato tutte le responsabilità » di quanto addebitatogli e che la sua « collaborazione con i magistrati era sempre stata condotta con grande dignità », mentre Enzo Biagi esprime riserve, denunciando i centotrentatré giorni di detenzione preventiva cui era stato sottoposto il presidente dell'Eni e affermando che « non mi pare che la legge cammini col passo della giustizia ». Il noto giornalista chiama direttamente in causa il pm De Pasquale, secondo lui colpevole di aver promesso a Cagliari l'imminente liberazione per poi rimangiarsi l'impegno. Severo con i giudici che « non devono diventare giustizieri », Biagi descrive il suicida come « travolto da un sistema che rendeva normali delle 'pratiche' che adesso sono considerate reati ». Il tragico computo di suicidi ammonterebbe a undici casi, « tanti, troppi, e non bisogna che la voglia di giustizia si trasformi in persecuzione, o in vendetta ».

In seguito al suicidio di Gardini, il 28 luglio il *Corriere della Sera* pubblica il testo di un'intervista che Giuliano Gramsci [figlio del fondatore del Pci, *N.d.R.*], da Mosca, concede a Vittorio Strada. La responsabilità dei recenti suicidi viene attribuita, a cominciare dal titolo – *Non imitate Stalin, pensate a Beccaria* –, all'eccesso di giustizialismo dei magistrati, così commentato: « Hanno dimenticato Cesare Beccaria. È come non esistesse più la presunzione di innocenza. Come mai, con tanta cultura, con tanta storia, con un tale patrimonio spirituale, basta dire a uno che è un mascalzone, lo prendono e lo portano via, in carcere, bollandolo di fronte a tutti ».

Particolarmente appassionato è, sulla *Repubblica*, il commento del letterato Cesare Garboli sul tema del doppio suicidio. Sempre il 28 luglio, sotto l'inequivocabile titolo *Il trionfo della morte*, Garboli afferma che « il paese di Pulcinella è diventato più corrusco del teatro di Shakespeare, il rogo che si sta consumando sotto i nostri occhi increduli brucia senza che ne abbiano alcuna coscienza proprio coloro che ne sono stati i responsabili ». Il suicidio di Gardini è visto « come un'espressione di stoicismo di marca romana, unito al 'disprezzo della vita' di un eroe sportivo che vive il suo giorno di sole alla Hemingway », mentre quello di Cagliari nel carcere di San Vittore appare « opaco, plumbeo, verista, senza nessuna redenzione ».

Nella circostanza del suicidio di Cagliari la posizione della stessa *Unità* appare sofferta e critica. Il fondo di Andrea Barbato del 21 luglio 1992, significativamente intitolato *Se muore la pietà e i giudici perdono*, pone in risalto che si tratta di « un fatto destinato a lasciare una traccia profonda, ad aprire ferite nella società e nelle istituzioni, a risuonare drammaticamente nell'opinione pubblica [...]. Qui si viaggia in quella delicatissima zona che è la difesa della dignità e della vita, anche davanti alla giustizia [...]. Il carcere deve essere l'eccezione e non la regola, l'avviso di garanzia non può essere una condanna! » L'articolo si conclude chiedendosi se i metodi di Mani pulite non siano eccessivi.

Il 28 ottobre 1993 il Senato approva in via definitiva la legge sull'immunità parlamentare: dalla sua entrata in vigore per procedere a carico dei parlamentari non saranno più necessarie le autorizzazioni di Camera e Senato.

Paolo Franchi saluta con particolare favore questo avvenimento sul *Corriere* e altrettanto fa Giovanni Maria Bellu sulla *Repubblica*.

Nell'ottobre 1993 ha inizio il processo a Sergio Cusani per la « madre di tutte le tangenti », quella relativa a Enimont, che si trasforma presto in un vero e proprio fenomeno mediatico seguito con grande attenzione dall'opinione pubblica. Bettino Craxi e Arnaldo Forlani sono i principali protagonisti degli interrogatori che consacrano la popolarità di Antonio Di Pietro.

« Io sono sempre stato al corrente della natura non regolare dei finanziamenti ai partiti e al mio partito, l'ho cominciato a capire quando portavo i pantaloni alla zuava », dice Craxi nel faccia a faccia con Di Pietro durante il processo Cusani. Forlani, evidentemente teso e con un filo di bava al lato della bocca, si limita a un « non ricordo » per liquidare i suoi rapporti con Carlo Sama e Sergio Cusani.

Grazie al suo carattere pubblico, il processo Enimont sembra assumere le forme di una catarsi dei politici corrotti di fronte ai cittadini e fa sperare in una riforma radicale della politica.

Contemporaneamente a questi avvenimenti, negli ultimi mesi del 1993 le voci di una « discesa in campo » di Berlusconi si fanno più insistenti. Riccardo Chiaberge tratta l'argomento il 10 dicembre, in un articolo pubblicato dal *Corriere* con il titolo *Berlusconi: un partito ma senza Msi*. Il giornalista ritrae gli atteggiamenti del cavaliere e ne raccoglie le dichiarazioni sui futuri progetti politici. « 'Ma quando decolla questo benedetto partito del biscione?' 'Sto tessendo la tela', risponde lui, sornione [...] 'I gomitoli sono quelli che sono disponibili, non dipendono da me. Ho delle speranze anche se è abbastanza difficile mettere insieme questa cosa.' [...] 'È vero che state trattando per un cartello elettorale?' 'Vorrei restare nel tema di oggi. La mia tela è fatta di tanti rapporti che devono restare riservati.' Glissa, sfuma, scantona. È tutto un gioco di dissolvenze, il Cavaliere. »

A sostenere Berlusconi, dalle colonne del *Giornale*, c'è il nuovo direttore Vittorio Feltri. Nell'articolo *L'anomalia non è lui* del 26 gennaio 1994 afferma che se è vero che l'imprenditore « ha contro mezzo mondo », è altrettanto vero che lui può contare sull'appoggio dell'altra metà, formata « dalla gente comune, che non fa opinione, ma ne ha una precisa benché non la esprima se non sulla scheda; e dal mondo degli imprenditori, piccoli e grandi, che non sono rappresentati dalla Confindustria, e infine dal mondo dei cittadini che lavorano onestamente e pagano le tasse ». In questo modo appare chiaro quale sarà il blocco sociale che, in qualche modo favorito dall'iniziativa di Mani pulite, permetterà l'affermazione del berlusconismo.

Nel corso del 1994 il *Corriere*, pur mantenendo ferma la

condanna ai fenomeni corruttivi, incomincia a prendere le distanze da una certa magistratura considerata come eccessivamente politicizzata. Lo dimostrano il fondo di Piero Ostellino del 9 gennaio, *Esame di coscienza dopo Tangentopoli*, e le preoccupazioni espresse da Leo Valiani allorché scrive che « l'Italia deve essere ripulita dal sistema delle tangenti, ma senza paralizzare, in un momento di recessione, l'imprenditoria pubblica e privata ».

Nella primavera del 1994 le elezioni politiche vedono il successo di Forza Italia, la formazione guidata da Silvio Berlusconi. Nasce il nuovo governo di centro-destra che il 13 luglio vara il decreto Biondi.

Il giorno dopo, dalla prima pagina della *Repubblica*, Mario Riva definisce il provvedimento « un campionario di decisioni con le quali si rinverdiscono fasti e nefasti dell'ancien régime. Si procede come prima, anche peggio di prima. Per quanto riguarda la custodia cautelare, a quanto se ne sa, è stato approvato un decreto legge che scarcera gli imputati per reati connessi alle tangenti, che pregiudica le inchieste in corso, che mette il bavaglio alla stampa ».

Il giornalista conclude: « Se fosse confermato che escono dal carcere i tangentisti e viene di fatto umiliata la sacrosanta opera dei giudici di Mani pulite, saremmo di fronte ad un intollerabile oltraggio alla Giustizia ».

A questa mossa del governo reagiscono pubblicamente i magistrati inquirenti. Di Pietro, Colombo, Davigo e Greco chiedono di essere esonerati dai processi di Tangentopoli, dal momento che il decreto Biondi impedirebbe loro di fatto di svolgere adeguatamente il loro lavoro.

L'appello dei pm milanesi è prontamente raccolto dall'*Unità*. Nel fondo dal titolo *Vi chiediamo di non mollare* del 15 luglio 1994, Giuseppe Caldarola accusa senza mezzi termini Berlusconi di aver creato le condizioni per uno scontro con la magistratura e di aver costretto Mani pulite ad un gesto clamoroso e drammatico in risposta ad un decreto « che viola in primo luogo il principio di uguaglianza dei cittadini ». Caldarola, chiedendosi come si possa reagire, aggiunge: « Noi sentiamo in questo momento la responsabilità di chiedere ai giudici di Milano di non mollare. Hanno restituito [...] all'Italia l'immagine di un Paese forte e dignitoso. È in nome di questo appello che non devono rinunciare a continuare nel loro lavoro nell'interesse della legalità e nei valori di una comunità democratica ».

Spetta al cronista « storico » su Mani pulite nel *Corriere* Goffredo Buccini riportare la notizia delle minacciate dimissioni del pool e delle immediate reazioni popolari di sostegno. In un articolo del 15 luglio 1994 egli non manca di sottolineare lo strappo avvenuto nell'occasione tra la moderazione del procuratore Borrelli e la forte reazione dei suoi sostituti capeggiati da Di Pietro che, davanti alle telecamere, « azzanna il decreto come ha azzannato per più di due anni i tangentisti ».

Mentre Marcello Sorgi, sulla *Stampa* del 14 luglio 1994, dichiara che « la rivoluzione è finita », Gianni Riotta, sul *Corriere* del 16 luglio, in un commento non privo di critiche all'operato dei magistrati, concorda con la dichiarazione del ministro Giuliano Ferrara, secondo il quale « non servono figure carismatiche », e aggiunge: « Un Paese democratico dovrebbe fare a meno di idoli, niente Di Pietro, niente Berlusconi, niente Baggio posti su un altare, tra applausi e fischi. [...] I giudici devono giudicare, non tessere partiti d'ombra [...]. Abbiamo messo sulle loro spalle mezzo secolo di democrazia storpia chiedendogli di guarirci [...]. Non avevamo bisogno di una rivoluzione, ma di riforme per diventare un Paese normale. Silvio Berlusconi ha vinto le elezioni promettendole. Aspettiamo ancora ».

La ferma presa di posizione dei magistrati milanesi trova spazio in numerosi commenti della stampa estera. La prima pagina del *New York Times* riferisce del « decreto della discordia [...] destinato a essere interpretato in Italia come un passo ulteriore del governo per consolidare il proprio potere plasmando le istituzioni pubbliche ». Il quotidiano britannico *Financial Times* titola *La squadra che indaga sugli scandali italiani lascia dopo il decreto governativo* e commenta: « La loro azione è la sfida più seria al governo [...] su un argomento che l'amministrazione ha cercato di nascondere sotto il tappeto ». *Libération* infine parla di « guerra aperta » tra il pool e il governo, mentre per lo spagnolo *El Mundo* si assiste « all'ultimo atto della rivoluzione giudiziaria che ha combattuto la piaga della corruzione [...]. È la fine di un sogno collettivo di giustizia e rinnovamento ».

La presa di posizione dei pm milanesi, sostenuta da vivaci manifestazioni di piazza, comporterà poi la decadenza del decreto Biondi, che non verrà convertito in legge.

Quando, il 22 novembre 1994, viene recapitato al presidente del Consiglio Silvio Berlusconi un invito a comparire per rendere interrogatorio per « concorso in corruzione continuata », il clamore è grande e la polemica aspra.

Emergenza istituzionale titola l'indomani un articolo di Gianni Rocca che, sulla *Repubblica*, entra subito nel merito della questione: « Il punto [...] riguarda l'irrisolto conflitto di interessi che Silvio Berlusconi portava con sé sin dal momento in cui decise di entrare direttamente nella battaglia politica ». E aggiunge: « Ecco perché subito dopo le elezioni di marzo sentimmo il dovere di mettere in guardia chi aveva responsabilità istituzionali dall'affidare incarichi di governo a chi, come Berlusconi, poteva in qualsiasi momento essere costretto a difendere da eventuali accuse giudiziarie il proprio operato alla guida della Fininvest ».

Un altro articolo sulla *Repubblica* del 24 novembre, firmato Stefania Di Lellis e intitolato *Sbatti Berlusconi in prima pagina*, richiama l'attenzione sul fatto che la notizia ha fatto in tempo record il giro dei giornali e delle emittenti televisive di tutto il mondo ed è stata commentata in modo assai poco lusinghiero.

« È stata proprio la stampa francese », scrive la giornalista riportando uno dei tanti esempi tra Stati Uniti, Inghilterra, Spagna e così via, « a dedicare più spazio all'*affaire* Berlusconi. Titolone in prima e tre pagine piene su *Libération* che, sotto la foto di Berlusconi corrucciato attaccato al telefonino durante la conferenza di Napoli sulla criminalità, ha montato anche un prospetto con tutti i possedimenti di Sua Emittenza. »

Molto polemico appare Enzo Biagi sul *Corriere* del 24 novembre: « Ho visto l'onorevole Berlusconi in tv: mi è sembrato stanco, segnato, teso. Ha detto che i suoi bambini piangono quando sentono gli insulti che gli lanciano gli avversari. Me ne dispiace, suggerisco alla signora Veronica di fargli sentire Sgarbi: sorrideranno ascoltando quello che dice ai nemici veri o presunti del Polo della Libertà. Libertà che il professore concepisce in modo estensivo. Togliatti diceva che il potere corrompe, Andreotti sosteneva il contrario. Di sicuro affatica, e sono convinto da sempre che Berlusconi non è preparato a questo tipo di competizione ».

Il 6 dicembre 1994 Antonio Di Pietro lascia il pool di Mani pulite. La reazione è unanime tra il *Corriere* e *la Repubblica*, concordi nel riconoscere nella decisione una grave perdita per la giustizia italiana.

Non mollare aveva intitolato il proprio editoriale Enzo Biagi il giorno precedente, quando le voci su un probabile abbandono da parte del pm molisano si erano fatte più numerose e più degne di credito.

In quello che suona quasi come un appello accorato, Biagi riconosce le possibili ragioni che spingerebbero Di Pietro a lasciare il suo lavoro ed esprime comprensione per il crescente disagio in cui il pm si è trovato ad operare nel corso degli anni di Mani pulite. Tuttavia lo invita a restare: « Stia al suo posto con generosità, lo faccia anche per il governo, e soprattutto per il nostro Paese: se lei molla, diranno che qui è impossibile far rispettare i comandamenti. Lei temeva che il desiderio di pulizia diventasse spettacolo: così è stato, ma non aggiunga, per favore, un colpo di scena. Perché arrendersi all'evidenza? »

Poi, dopo che Di Pietro s'è tolto platealmente la toga, i toni di Biagi si acuiscono senza speranza. Il 7 dicembre scrive sul *Corriere*: « Con Antonio Di Pietro cade il simbolo di una grande illusione [...]. È morta, dicono, la prima Repubblica: ma solo per l'anagrafe. Viveva e prosperava convinta dell'impunità; la presunta Seconda sta dimostrando che si può anche tirare avanti estenuando le regole del codice. La vera, profetica interprete dello spirito dei capi è, nientemeno, Caterina Caselli: 'Nessuno mi può giudicare, nemmeno tu'. 'Mani pulite' chiude ».

La reazione popolare è immediata. Lo stesso 7 dicembre, sulla *Repubblica*, in un articolo dal titolo *Urla il popolo dei fax e l'Italia manifesta*, Concita De Gregorio rende nota la moltitudine di fax, appelli ed esternazioni di quanti sono rimasti profondamente delusi dall'abbandono del pm, e così prosegue: « Tutti in piazza subito. Alla notizia delle dimissioni di Di Pietro la gente è scesa in strada. Qualche centinaio di persone in piazza del Pantheon, a Roma, poi sotto Palazzo Chigi, dove lanciano anche monetine contro i politici ».

L'editoriale di Eugenio Scalfari ha toni meno celebrativi: « È vero che Antonio Di Pietro si era stancato di essere utilizzato come bandiera e asta di bandiera (come ha detto Giuliano Ferrara cercando di tirare dalla sua le dimissioni del simbolo di Mani pulite). Forse è vero che aveva perso la serenità necessaria alla sua funzione di magistrato e non aveva altra via che ritirarsi a fare il Cincinnato (ma la corte di cassazione non aveva già usato questo argomento per decidere il trasferimento a Brescia del processo al generale Cerciello?). Oppure è possibile che quel furbo contadino, vedendo esaurirsi la spinta dei processi in una sorta di savana dove ogni passo s'impiglia in cespugli pieni di rovi e di spine, abbia voluto aprirsi una nuova strada, uno sbocco politico per proseguire in altro modo il suo servizio civile, decidendo intanto di sedersi in panchina, in riserva per la Repubblica. Tutto è possibile e nessuno di noi può arrogarsi di stare nella testa del procuratore numero uno della moralizzazione italiana».

Molti quotidiani ipotizzano da subito come possibile sbocco per Di Pietro anche la carriera politica. Il *Corriere* del 7 dicembre titola *Avvocato, manager o contadino. Tante ipotesi per il destino di Di Pietro*; e *la Repubblica* in modo simile: *Ministro, presidente o contadino. Tre ipotesi per il futuro di Di Pietro*. Nell'articolo il giornalista Riccardo Luna si diverte a ricostruire il trambusto che segue in Parlamento alla dichiarazione di dimissioni del magistrato: « Da ieri il Palazzo attende lo show: l'arrivo del giudice che si è tolto la toga. Come sempre, quando si apre il sipario, ci sono fischi ed applausi. Fischia più forte di tutti Marco Taradash, riformatore di Pannella: 'Si è dimesso? Oddio! Ora ce lo troviamo in politica'. Gli fa da contraltare Diego Masi, pattista di Segni: 'La magistratura ti perde, ma la politica ti accoglie: benvenuto Antonio!' Dunque, lo spettacolo è iniziato, il pubblico si scalda e il copione sembra scritto: Di Pietro entra in politica. Ma per fare che? E con chi? Umberto

Bossi non perde un minuto e lo candida a ministro della Giustizia di un governo guidato da un leghista».

Di lì a due settimane un altro scossone provoca la successione di eventi che porterà alla caduta del primo governo Berlusconi. Il 22 dicembre del 1994 infatti Umberto Bossi annuncia la sfiducia al Governo da parte della Lega.

Ad inneggiare alla caduta dell'esecutivo è Indro Montanelli, che dirige ora il quotidiano *La Voce*. «Finalmente», sostiene in un articolo del 23 dicembre 1994, «ci siamo liberati di questa ossessione. Finalmente potremo ricominciare a discutere della pubblica amministrazione [...] senza il timore che qualsiasi proposta venga propugnata o combattuta secondo gli interessi di Berlusconi.»

Il 3 aprile del 1995 il generale della guardia di finanza Giuseppe Cerciello dichiara di aver saputo nel carcere di Peschiera che i magistrati del pool volevano ottenere dal maresciallo Nanocchio [uno dei finanzieri arrestati nell'indagine sulle Fiamme Gialle, *N.d.R.*] l'ammissione di un coinvolgimento di Silvio Berlusconi.

Subito dopo la teoria del complotto riprende prontamente vigore, e con essa i tentativi di delegittimare le inchieste del pool milanese.

Negli ultimi mesi del 1995, e ancor più nel corso del 1996, la stampa moderata tende a prendere sempre più le distanze da Mani pulite, sia dando scarso risalto agli avvenimenti, sia mettendo in dubbio la correttezza dell'operato dei suoi protagonisti, soggetti nel frattempo a una pluralità di procedimenti disciplinari e di processi. Il mito di Di Pietro si è ormai dissolto agli occhi dello stesso *Corriere della Sera* allorché egli annuncia la sua discesa in politica.

A rivolgere pesanti critiche all'ex magistrato, sul *Corriere* del 26 gennaio 1996, è il noto giornalista e politologo Angelo Panebianco, il quale, dopo aver premesso che non intende « dire nulla di malevolo nei confronti di Di Pietro », sostiene che « la sua capacità di parlare agli interessi, alle aspettative degli elettori, è stata praticamente nulla », per cui, « allo stato, e in barba ai sondaggi, non vedo dunque un grande futuro per un eventuale movimento politico capitanato da Di Pietro ».

Mani pulite proseguirà ancora per anni, ma visibilità e consenso nella stampa e nell'opinione pubblica andranno via via scemando.

Con gli anni Duemila maturano analisi e riflessioni che, travalicando il ruolo svolto dai magistrati di Mani pulite, si soffermano sulle conseguenze di natura politica che il fenomeno di Tangentopoli ha contribuito a determinare.

Una interessante sintesi di natura storica è pubblicata nel 2002, in occasione del decimo anniversario dell'inizio di Mani pulite, su un numero speciale del *Manifesto* in edicola il 16 febbraio 2002, dove Ida Dominijanni scrive: « Tangentopoli è stato un decennio convulso e confuso, nei fatti e nel pensiero. Lo attraversano tre grandi paradossi. Salutato come un nuovo inizio, si chiude sotto il segno della restaurazione. Cominciato all'insegna della rivolta antipartitocratica e di un umore antipolitico, si chiude col trionfo di un partito che dell'antipolitica ha fatto la propria linfa. Magnificato come l'ingresso dell'Italia nella legalità democratica, si chiude con un ceto politico al potere che rivendica senza ritegno di potersene infischiare della legge e punta senza veli allo stravolgimento dell'assetto democratico-costituzionale. Sono tre paradossi istruttivi. Significano che la retorica del 'nuovo' contro il 'vecchio' che anche a sinistra fece da colonna sonora assordante ai primi anni Novanta era falsa, perché l'innovazione può coprire la restaurazione; che la rivolta antipolitica porta acqua al mulino non della società civile ma di una politica peggiore; che per tutelare la legalità costituzionale non basta fare il tifo per i giudici come fossero la squadra del cuore, né fare i giudici con la mano sul cuore».

Sullo stesso numero del *Manifesto*, l'analisi di Mani pulite di Rossana Rossanda è severa e problematica: «Vissuta come una grande ripulitura morale contro la prepotenza imbrogliona dei padroni e del ceto politico, sotto l'egida corrusca della magistratura [...], si è conclusa con scarse vittime fra i corruttori, con la distruzione dei partiti politici che hanno retto l'Italia dal 1948 (Dc), poi dagli anni Sessanta (Dc e Psi) e con la radicale messa in causa delle strutture e dei fini dell'intervento pubblico». Sulle cause di tutto ciò la Rossanda ipotizza la seguente alternativa: la corruzione è stata assai più vasta che altrove? O erano le istituzioni ad essere particolarmente deboli?

Valentino Parlato, infine, esprime sul medesimo numero speciale un amaro commento: «Due lustri dopo Tangentopoli l'impressione è che il mondo sia cambiato, che quella sia stata una barbara stagione di caccia alle streghe da dimenticare, mettendo al rogo i cacciatori di streghe [...]. Così avviene che Di Pietro, esaltato come l'angelo sterminatore, oggi sia ridotto a un mediocre personaggio del teatrino politico [...]. E così accade che il cavalier Silvio Berlusconi, che senza Tangentopoli sarebbe ancora un cagnolone al guinzaglio di Bettino Craxi, ora si erga come vittima vendicatrice di quelli che hanno favorito la sua ascesa».

In definitiva, a dieci anni di distanza non sembra che Mani pulite, secondo *il Manifesto*, abbia portato un contributo positivo all'evoluzione politica del Paese. Rimane quindi l'interrogativo se, come scrisse Enzo Biagi, il famoso e tanto decantato passaggio dalla cosiddetta prima alla cosiddetta seconda Repubblica abbia rappresentato un fatto reale.

DOCUMENTI

ESTRATTO DALLA RELAZIONE FINALE DELLA COMMISSIONE ANSELMI SULLA P2

Uno degli insegnamenti di maggior momento che da questa vicenda si può trarre, è l'aver dimostrato al di là di ogni possibile contestazione che la trasparenza dell'ordinamento costituisce la garanzia prima contro il manifestarsi di forme di potere alternativo le quali, traendo origine ed alimento da una non compiuta estrinsecazione di questo principio, si pongono esse stesse come strutture che aspirano al controllo della società o di suoi settori. Tale in sostanza è stata la loggia P2, e tali sono, in più limitato ambito, le forme associative di stampo mafioso richiamate, studiando la struttura associativa di questa organizzazione, da altri autorevoli organi giurisdizionali.

L'ampiezza del dibattito svolto dalla Commissione è in relazione alla gravità del fenomeno oggetto dell'inchiesta, che si è posto come motivo di inquinamento della vita nazionale, mirando ad alterare in modo spesso determinante il corretto funzionamento delle istituzioni, secondo un progetto che, per usare l'espressione del commissario Formica, mirava allo snervamento della democrazia. Il suo sviluppo ha accompagnato momenti di centrale rilievo nella nostra storia recente, contrassegnandone le tormentate vicende con una presenza della cui estensione ed incisività questa relazione perviene a dare testimonianza sicura, ma non conoscenza completa ed esauriente. Il punto di approdo di questa vicenda è segnato dalla legge con la quale il Parlamento ha deciso, con tempestivo provvedimento, lo scioglimento dell'organizzazione e dalla successiva legge con la quale è stata creata questa Commissione d'inchiesta.

Queste considerazioni ci inducono a rilevare, secondo lo spunto emerso in Commissione, come il dibattito politico nel Paese si sia da ultimo incentrato, con significativa contemporaneità all'esplodere di questa vicenda, su due temi che le forze politiche hanno individuato come di preminente rilievo in questo momento storico: la questione morale ed il problema della riforma delle istituzioni. Temi questi di eminente rilievo politico, il primo non meno che il secondo, perché essi vertono sul ruolo che l'ortodossia dei comportamenti individuali e la compiuta capacità delle istituzioni a dare risposta ai problemi della realtà sociale rivestono ai fini di un ordinato procedere della vita democratica.

Le conclusioni alle quali la Commissione parlamentare di inchiesta è pervenuta al termine dei propri lavori muovendo dalla legge di scioglimento della Loggia massonica Propaganda 2, mostrano, in relazione ai quesiti posti dal Parlamento nell'articolo I della legge istitutiva della Commissione, che tale organizzazione, per le connivenze stabilite in ogni direzione e ad ogni livello e per le attività poste in essere, ha costituito motivo di pericolo per la compiuta realizzazione del sistema democratico. La presente relazione è in grado di fornire una documentata ricostruzione del fenomeno ed una attendibile spiegazione delle sue origini, della sua struttura e delle sue finalità, tale da consentire al Parlamento una ragionata meditazione in ordine ai problemi dell'ordinamento democratico e delle misure da adottare a difesa della sua conservazione e del suo progresso. Accanto a queste conclusioni la Commissione non ha mancato di sottolineare gli interrogativi di non lieve momento che rimangono tuttora aperti: nodi insoluti il cui scioglimento potrà semmai arricchire i risultati ai quali si è pervenuti, nelle loro linee fondamentali, ma difficilmente pervenire a ribaltarne in modo determinante il profilo politico essenziale.

LETTERA PER IL PM ANTONIO DI PIETRO, SCRITTA DA RENATO AMORESE PRIMA DI TOGLIERSI LA VITA, IL 16 GIUGNO 1992[63]

Egregio dottor Di Pietro,

mi perdoni, ma sono fortemente prostrato e consapevole dell'errore commesso e del disonore che ne è derivato alla mia famiglia. Le riconfermo che quanto detto circa gli episodi di cui abbiamo discusso è la verità, e che non sono coinvolto in altri fatti di tangenti. Le riconosco e la ringrazio per la sensibilità, pur nella rigorosità delle sue funzioni, che mi ha dimostrato. A mia moglie che era all'oscuro e alla quale ho rivelato i fatti confessati ho anche detto dell'impegno a restituire quanto sarà dovuto e necessario e stia certo, e lo potrà capire parlandole, (mi raccomando ancora alla sua sensibilità) che farà di tutto per onorare la promessa. Ho pregato l'avvocato Pellicciotta di aiutarla per quanto necessario. A tale proposito sono a pregarla vivamente (lo consideri un ultimo desiderio), per lei e per i miei figli, di non attuare pignoramenti o sequestri perché possano realizzare il massimo, e potere così sperare che rimanga qualcosa per andare avanti e far studiare i miei figli. Io con quello che è successo non sono più in grado di farlo, me ne pento ed è giusto che paghi. Non mi considero peggio di come già mi sento.

Con stima

Renato Amorese

INTERVISTA RILASCIATA DA GHERARDO COLOMBO A LEO SISTI, PUBBLICATA SULL'*ESPRESSO* DEL 26 LUGLIO 1992 CON IL TITOLO *PARLATE E SARÀ CONDONO*

« Il condono? È una proposta praticabile ma a precise condizioni. Potrebbe servire a dare un taglio netto al sistema che ha consentito, per tanti anni, a politici e imprenditori di vivere sulle tangenti. »

Per la prima volta dall'inizio dell'inchiesta Mani pulite, il giudice Gherardo Colombo, quarantacinque anni, accetta di parlare.

Quando calerà il sipario su questa storia?

Quando la materia prima dell'indagine si esaurirà. Riconosco però che ci sono situazioni in cui il contenuto di un processo ha riflessi all'esterno. Per esempio, si diceva che la vicenda della P2 avesse provocato la caduta del governo Forlani e la nascita del primo Governo laico della Repubblica. Sotto il profilo dell'indagine, fino a quando i reati sono perseguibili noi dobbiamo procedere. Certo si dovrà trovare una soluzione...

Non penserà mica a un'amnistia?

Assolutamente no. La gente considererebbe profondamente ingiusto un simile provvedimento.

Allora a una specie di condono?

Sì, a qualcosa del genere. Il Parlamento approva una legge che fissa un termine preciso, perentorio, diciamo di qualche mese. Entro quella data chi, politico o imprenditore, non ancora coinvolto nelle indagini, si presenta ai giudici, racconta tutto e restituisce i soldi o indica a chi li ha dati... chi si comporta così sarà esente da pena, non andrà sotto processo, anche se comunque dovrà essere interdetto, per un periodo di tempo ragionevole, dall'esercizio delle funzioni pubbliche. Per quelli che non lo fanno, si continuerà ad applicare la legge: e per loro non sarà facile farla franca perché, dalle ammissioni di chi ha collaborato, sarà sempre possibile individuare chi sono.

Il finanziamento pubblico dei partiti deve essere eliminato?

I partiti costano molto e hanno macchine sproporzionate rispetto al livello di vita del Paese, soprattutto quando si chiedono continuamente sacrifici alla gente: bisognerebbe trovare un giusto equilibrio tra la necessità forte di ridurre i costi anche per loro e la possibilità di svolgere con profitto le funzioni politiche. Non so se il finanziamento pubblico sia il sistema migliore. Un'idea da approfondire potrebbe essere quella di ricorrere a forme di finanziamento privato assolutamente trasparente e assolutamente controllato.

Pensa alle lobby americane?

Qualcosa di analogo. Le lobby delle associazioni di categoria potrebbero finanziare questo o quel partito, a seconda degli interessi che gli garantisce. Ma sempre in modo trasparente.

Deducendo dal fisco questi contributi?

Magari anche.

Molti politici sostengono che rubare per il partito è meno grave che rubare per sé. È d'accordo?

Dal punto di vista normativo è addirittura più grave appropriarsi di somme per finanziare un partito. È stato proprio il finanziamento illecito dei partiti a condurre a una situazione, per il momento, senza via d'uscita. Vorrei sottolineare una circostanza: chi ha usato le carriere pubbliche per arricchirsi personalmente viene isolato dalla disapprovazione generale. Chi ha strumentalizzato le cariche pubbliche per finanziare in modo illecito un partito ha contribuito a creare prima, e a mantenere poi, un sistema dannoso per la società.

Quale risposta darete alle richieste degli imputati di ricorrere al patteggiamento e al rito abbreviato?

Sono convinto che il pm, per dare il suo consenso al patteggiamento, debba tener conto, nei confronti degli imprenditori, di un parametro costituito dall'aver dimostrato, con il proprio comportamento, di essere effettivamente uscito dal sistema delle tangenti, rompendo qualsiasi legame con le sue regole. D'altra parte è automatico che nessuno, tra i politici, si fidi più di chi gli dà i soldi e poi va a raccontarlo ai giudici. Potrà patteggiare, e quindi ottenere la riduzione fino a un terzo della pena, purché non superiore ai due anni, chi ha violato la legge poche, sporadiche volte, ma anche chi è ricorso regolarmente al delitto e però, pur vivendo di quel sistema, abbia dato un formidabile impulso alle indagini e lo abbia fatto con tempestività.

... Insomma confessando tutto e subito.

Il taglio con il sistema deve essere definitivo. In altre parole non si deve più verificare la necessità di chiedere a quel signore nuove spiegazioni.

E i politici?

Penso che i criteri siano più complessi da determinare.

E per il rito abbreviato, che definisce il processo nell'udienza preliminare, con possibilità di sconto di pena?

Sarà concesso quando e se un processo potrà essere definito nell'udienza preliminare, senza che sia indispensabile arrivare al dibattimento per chiarire alcuni punti rimasti oscuri.

LETTERA PER IL PRESIDENTE DELLA CAMERA GIORGIO NAPOLITANO, SCRITTA DA SERGIO MORONI PRIMA DI TOGLIERSI LA VITA, IL 2 SETTEMBRE 1992

Egregio Signor Presidente,

ho deciso di indirizzare a Lei alcune brevi considerazioni prima di lasciare il mio seggio in Parlamento compiendo l'atto conclusivo di porre fine alla mia vita. È indubbio che stiamo vivendo mesi che segneranno un cambiamento radicale sul modo di essere nel nostro Paese, della sua democrazia, delle istituzioni che ne sono l'espressione. Al centro sta la crisi dei partiti (di tutti i partiti) che devono modificare sostanza e natura del loro ruolo. Eppure non è giusto che ciò avvenga attraverso un processo sommario e violento, per cui la ruota della fortuna assegna a singoli il compito delle « decimazioni » in uso presso alcuni eserciti, e per alcuni versi mi pare di ritrovarvi dei collegamenti. Né mi è estranea la convinzione che forze oscure coltivano disegni che nulla hanno a che fare con il rinnovamento e la « pulizia ». Un grande velo di ipocrisia (condivisa da tutti) ha coperto per lunghi anni i modi di vita dei partiti e i loro sistemi di finanziamento. C'è una cultura tutta italiana nel definire regole e leggi che si sa non potranno essere rispettate, muovendo dalla tacita intesa che insieme si definiranno solidarietà nel costruire le procedure e i comportamenti che violano queste regole.

Mi rendo conto che spesso non è facile la distinzione tra quanti hanno accettato di adeguarsi a procedure legalmente scorrette in una logica di partito e quanti invece ne hanno fatto strumento di interessi personali. Rimane comunque la necessità di distinguere, ancora prima sul piano morale che su quello legale. Né mi pare giusto che una vicenda tanto importante e delicata si consumi quotidianamente sulla base di cronache giornalistiche e televisive, a cui è consentito di distruggere immagine e dignità personale di uomini solo riportando dichiarazioni e affermazioni di altri. Mi rendo conto che esiste un diritto d'informazione, ma esistono anche i diritti delle persone e delle loro famiglie. A ciò si aggiunge la propensione allo sciacallaggio di soggetti politici che, ricercando un utile meschino, dimenticano di essere stati per molti versi protagonisti di un sistema rispetto al quale oggi si ergono a censori. Non credo che questo nostro Paese costruirà il futuro che si merita coltivando un clima da « pogrom » nei confronti della classe politica, i cui limiti sono noti, ma che pure ha fatto dell'Italia uno dei Paesi più liberi dove i cittadini hanno potuto non solo esprimere le proprie idee, ma operare per realizzare positivamente le proprie capacità e competenze. Io ho iniziato giovanissimo, a solo diciassette anni, la mia militanza politica nel Psi. Ricordo ancora con passione tante battaglie politiche e ideali, ma ho commesso un errore accettando il « sistema », ritenendo che ricevere contributi e sostegni per il partito si giustificasse in un contesto dove questo era prassi comune, né mi è mai accaduto di chiedere e tanto meno pretendere. Mai e poi mai ho pattuito tangenti, né ho operato direttamente o indirettamente perché procedure amministrative seguissero percorsi impropri e scorretti, che risultassero in contraddizione con l'interesse collettivo. Eppure oggi vengo coinvolto nel cosiddetto scandalo « tangenti », accomunato nella definizione di « ladro » oggi così diffusa. Non lo accetto, nella serena coscienza di non aver mai personalmente approfittato di una lira. Ma quando la parola è flebile, non resta che il gesto. Mi auguro solo che questo possa contribuire a una riflessione più seria e giusta, a scelte e decisioni di una democrazia matura che deve tutelarsi. Mi auguro soprattutto che possa servire a evitare che altri nelle mie stesse condizioni abbiano a patire le sofferenze morali che ho vissuto in queste settimane, a evitare processi sommari (in piazza o in televisione) che trasformano un'informazione di garanzia in una preventiva sentenza di condanna.

Con stima.

Sergio Moroni

ESTRATTO DAL COMUNICATO LETTO DAL PROCURATORE FRANCESCO SAVERIO BORRELLI IL 7 MARZO 1993 IN OPPOSIZIONE AL «DECRETO CONSO»

Abbiamo appreso che la cosiddetta «soluzione politica» sarebbe stata giustificata sulla base delle nostre dichiarazioni. Come magistrati abbiamo il dovere inderogabile di applicare le leggi dello Stato quali che esse siano. Salvo il dovere, altrettanto inderogabile, di eccepirne la illegittimità incostituzionale quando questa ricorra. Non consentiamo però a nessuno di presentare come da noi richieste, volute o approvate, le iniziative in questione. Governo e Parlamento sono sovrani nelle determinazioni di loro competenza, ma ci auguriamo che ciascuno si assuma davanti al popolo italiano le responsabilità politiche delle proprie scelte, senza farsi scudo del nostro operato o delle nostre opinioni. Che sono esattamente opposte al senso dei provvedimenti adottati. Riteniamo che il prevedibile risultato delle modifiche legislative approvate sarà la totale paralisi delle indagini e l'impossibilità di accertare fatti e responsabilità di chi li ha commessi. Così si disincentiva qualunque forma di collaborazione.

ESTRATTO DAL COMUNICATO LETTO DAL PM ANTONIO DI PIETRO IL 14 LUGLIO 1994 IN OPPOSIZIONE AL «DECRETO BIONDI»

[...] L'odierno decreto legge a nostro giudizio non consente più di affrontare efficacemente i delitti su cui abbiamo fino ad ora investigato. Infatti, persone raggiunte da schiaccianti prove in ordine a gravi fatti di corruzione non potranno più essere associate al carcere neppure per evitare che continuino a delinquere e a tramare per impedire la scoperta dei precedenti misfatti, talora persino comprando gli uomini a cui avevamo affidato indagini nei loro confronti. Come magistrati abbiamo applicato ed applicheremo le leggi quali che esse siano. Pertanto, come prescritto dal decreto legge, abbiamo chiesto all'ufficio del giudice per le indagini preliminari di sostituire la custodia in carcere nei confronti di tutte le persone detenute nell'ambito delle indagini Mani pulite. Tuttavia, quando la legge, per evidenti disparità di trattamento contrasta con i sentimenti di giustizia e di equità, diviene molto difficile compiere il proprio dovere senza sentirsi strumento di ingiustizia. Abbiamo pertanto informato il procuratore della Repubblica della nostra determinazione a chiedere al più presto l'assegnazione ad altro e diverso incarico nel cui espletamento non sia stridente il contrasto tra ciò che la coscienza avverte e ciò che la legge impone.

LETTERA DI DIMISSIONI DA MANI PULITE DEL PM ANTONIO DI PIETRO, PRESENTATA IL 6 DICEMBRE 1994

Carissimo signor Procuratore,

in questi anni, come lei mi ha insegnato, ho lavorato nel modo più obiettivo possibile, senza alcun fine, anche senza guardare in faccia a nessuno. Non ho mai perseguito finalità diverse da quelle di giustizia, neppure quando, come a Cernobbio, mi sono permesso di segnalare la necessità, per la pacificazione sociale, di trovare per tempo una soluzione giudiziaria equa. Eppure, da più parti, specie in questi ultimi tempi, i miei doveri di magistrato vengono interpretati, mio malgrado, sempre più come una competizione personale. Mi riferisco ad esempio (ma non solo) alle innumerevoli manifestazioni di piazza che – siano esse pro o contro il pool – hanno ormai esasperatamente personalizzato il mio ruolo a tal punto che ogni doverosa attività giudiziaria da me posta in essere viene letta in chiave di contrapposizione a qualcosa o a qualcuno. Sento parlare, ormai, di « tifoserie politiche » con cui vengono accolte questa o quella decisione giurisdizionale, tanto che, ultimamene, l'operato della magistratura è stato addirittura qualificato come una « sorta di metafora giudiziaria della lottizzazione ». Mi sento usato, utilizzato, tirato per le maniche, sbattuto ogni giorno in prima pagina sia da chi vuole contrappormi ai « suoi » nemici sia da chi vuole così accreditare un inesistente fine politico in ciò che sono le mie normali attività. Tutte queste distorsioni interpretative del mio agire, da me non volute, stanno alimentando uno scontro nel Paese, in presenza del quale stento a trovare il significato profondo del mio ruolo di magistrato, per cui ho prestato giuramento. Sento pertanto il dovere, come uomo e come cittadino, di fare qualcosa per riportare serenità e fiducia nelle istituzioni. L'unica cosa che riesco a immaginare (e che è nelle mie possibilità) è quella di « spersonalizzare » l'inchiesta Mani pulite, nella speranza che, senza di me, le passioni, che la mia persona può avere involontariamente acceso intorno alla normale dialettica processuale, si plachino. Lascio quindi l'ordine giudiziario, senza alcuna polemica, in punta di piedi, quale ultimo « servizio », con la morte nel cuore e senza alcuna prospettiva per il mio futuro, ma con la speranza che il mio gesto possa in qualche modo contribuire a ristabilire serenità. Poiché la commozione mi impedisce di farlo personalmente, La prego di ringraziare per me gli ordini di polizia giudiziaria e i collaboratori e di abbracciare i colleghi che hanno condiviso il peso di questa indagine.

Con tanta, tanta stima.

Antonio Di Pietro

INTERVISTA RILASCIATA DA GHERARDO COLOMBO A GIUSEPPE D'AVANZO, PUBBLICATA SUL *CORRIERE DELLA SERA* DEL 22 FEBBRAIO 1998 CON IL TITOLO *LE RIFORME ISPIRATE DALLA SOCIETÀ DEL RICATTO*

C'è in Italia una «società del ricatto» frutto degli opachi compromessi degli ultimi venti anni della Repubblica. Una «società» ben viva, ben vegeta, assai vivace. Per nulla convinta di dover cedere il passo. Al contrario, obbligata – per garantirsi il futuro – a riprendere in mano il «gioco» della politica.

Il pubblico ministero Gherardo Colombo non parla con impeto. Sceglie le parole, lentissimamente, una dopo l'altra, torturandosi i capelli pazzamente scarruffati. Il suo ragionamento non è rassicurante: la Bicamerale è figlia di quella «società del ricatto», come la chiama. Il tentativo di riscrivere la seconda parte della Costituzione è la sola strada a disposizione di quella «società» per occultare il passato. La conclusione del magistrato inquieta: «La nuova Costituzione può avere come fondamento quel ricatto».

Gherardo Colombo occupa una stanza appartata nel lungo corridoio della procura di Milano, lontano dall'elegante ufficio di Francesco Saverio Borrelli. Ogni angolo, nella sua stanza, è intasato da faldoni giudiziari. Il pubblico ministero ha lo scrittoio assediato dalle «carte». Vi emerge a fatica soltanto il video del computer.

La Bicamerale...

Se vuole parlare di Bicamerale bisogna fare un premessa...

Facciamo la premessa...

Le mie considerazioni non vogliono (come è ovvio) e non potrebbero (come è giusto) condizionare il lavoro del Parlamento nella riscrittura della seconda parte della Costituzione. Le mie sono soltanto osservazioni di carattere generale sul tema della giustizia e dei modi di amministrarla.

Premessa fatta. Cominciamo. I lavori «costituenti» del Parlamento sono lo sforzo di ridefinire, con il rapporto tra i diritti dei cittadini e i poteri dello Stato, un orizzonte di pacificazione nazionale indicando valori e modi da tutti condivisi. È il percorso che, per dirla con una fortunata espressione di D'Alema, dovrebbe guidare l'Italia verso la «normalità». Domanda: lei condivide le ragioni di questo tentativo?

Io credo che sia giusto preparare e costruire la «normalità». Pur tuttavia non bisogna dimenticare la storia recente e passata. La ricerca della pacificazione non deve ignorare l'esistenza del conflitto.

Lei ritiene necessario il conflitto?

Ritengo necessario che si consideri il conflitto. Le spiego il perché. Io credo che una società moderna e complessa debba vivere cercando l'armonia, ma tenendo conto dell'esistenza di contrapposizioni e rendendole evidenti. La trasparenza del conflitto è il presupposto essenziale per il suo superamento. Conflitti tra opposti mondi di valori, di interessi e opposti modi di organizzare la società, lo Stato, la rappresentanza. Al contrario, nella « normalità » che ci viene agitata sotto gli occhi, io vedo farsi avanti non il nuovo, ma il vecchio. Meglio, l'antico. Non il conflitto trasparente, ma il compromesso opaco.

Perché il compromesso, a suo avviso, è necessariamente opaco? La « politica non è il luogo delle cose desiderabili, ma di quelle fattibili », diceva Aldo Moro. La politica è, per definizione, l'arte del possibile e, quindi, del compromesso.

Il compromesso in Italia è stato sempre opaco e occulto. Le dico di più, negli ultimi venti anni la storia della nostra Repubblica è una storia di accordi sottobanco e patti occulti. L'Italia la si può raccontare a partire da una parola...

Una parola sola? Quale?

Ricatto.

Ricatto?

Mi spiego con qualche esempio. Dallo sbarco degli alleati in Sicilia, e dalla scelta di coinvolgere la mafia per facilitarlo, si è stabilito un rapporto di « quieto vivere » con questa organizzazione criminale, che ha caratterizzato decenni della nostra storia. È stato un accordo necessariamente occulto. E ancora più occulto e opaco è stato necessariamente il suo perpetuarsi. Cosa ha potuto produrre se non il ricatto? Il ricatto dei poteri criminali sulla politica. Un altro esempio di quel modo di governare il Paese con il compromesso, e poi con il ricatto, è il « caso Cirillo ». Ricorda? Una parte della Dc si accorda con la camorra di Raffaele Cutolo per la liberazione dell'assessore Ciro Cirillo concedendo, in cambio, l'accesso della criminalità alle risorse pubbliche della ricostruzione post-sismica. E potrei continuare: i fondi neri dell'Iri; la P2...

Ma lei parla di un passato ormai remoto.

Lei dice?

Lei dice di no?

Io dico di no. Situazioni attuali, sintomo della stessa logica, se ne potrebbero trovare a decine. Io dico che nel metabolismo politico-sociale del Paese ci sono ancora le tossine dei ricatti possibili e sono queste tossine che consigliano di organizzare le nuove regole della Repubblica non intorno al conflitto, ma intorno al compromesso. E un passaggio chiave di questa necessità della società politica è appunto la Bicamerale.

Lei mi sta dicendo, se non capisco male, che la Bicamerale è la strada obbligata per chi, partecipe degli illeciti di ieri, oggi è obbligato a scegliere l'accordo perché non può permettersi un conflitto che, con quel passato, sarebbe troppo rischioso?

È detto in modo un po' brutale, ma è quel che penso. Ecco perché, a mio avviso, la Bicamerale deve anche affrontare la questione della giustizia. È evidente, infatti, che oggi molti appartenenti al potere giudiziario non rispondono alle regole del compromesso, e se le regole non valgono per tutti è come se non esistessero.

Dell'oggi parliamo subito dopo, ma anche nel più recente passato, perbacco, la magistratura non mi è sembrata estranea a quel sistema che lei chiama « del ricatto ». Anzi credo che la magistratura sia stata uno degli snodi di quella strategia.

Ieri anche la magistratura, salve eccezioni rese inoffensive, ha fatto parte di quella società del ricatto che è stata (e purtroppo è ancora) l'Italia. Le inchieste erano aperte o rapidamente finivano nel nulla per sostenere il ricatto della politica. Ricorda cosa accadde a Sarcinelli, capo della vigilanza della Banca d'Italia, arrestato quando si opponeva al salvataggio di Michele Sindona? E ricorda come morì Giorgio Ambrosoli?

E oggi? A suo avviso, oggi la magistratura è estranea alla « società del ricatto », per usare la sua espressione?

Oggi la magistratura è meno inserita in quella società. Magari fa degli errori. Magari scivola in qualche sconfinamento. Magari c'è chi è ancora omologo a quel sistema. Per questo, credo, quella « società » minaccia la sua indipendenza. Il problema è tutto lì. La magistratura è una variabile non coerente con il sistema consociativo. Per questo infastidisce, preoccupa, inquieta. Potere diffuso per antonomasia, può rompere in qualsiasi punto e imprevedibilmente il patto del silenzio, della complicità consociativa che il ricatto consiglia. Ecco la necessità di ridimensionare l'indipendenza del magistrato. Una magistratura meno indipendente, o addirittura dipendente, non riuscirebbe più a svolgere il controllo di legalità che le è proprio.

Le chiedo, ancora una volta in modo un po' brutale: lei crede che la bozza Boato che sarà discussa dal Parlamento abbia quest'obiettivo?

Questo non lo so, ma con franchezza posso dirle che il sistema di controllo dell'azione giudiziaria, ieri, passava attraverso le scelte dei capi dell'ufficio. La magistratura si è liberata da questo cappio e Mani pulite è stata possibile.

E domani?

Per domani le tendenze sono evidenti. L'aumento dei membri del Consiglio superiore nominati dal Parlamento, l'istituzione di un procuratore disciplinare (e cioè di controllo di ogni singolo magistrato) eletto dal Senato sono sulla strada di un ritorno al passato. Ovvero a un limitato esercizio di verifica dell'applicazione delle leggi. Diventerebbe problematica la possibilità di svelare le cause del ricatto. La strada da percorrere, a mio avviso, è un'altra: svelare tutti gli illeciti, indicare tutte le responsabilità. Solo così la nuova Costituzione non avrà come fondamento il ricatto. Solo così la società italiana potrà crescere tra trasparenti conflitti e non accompagnata da occulti accordi.

Lei parla di « ricatto », eppure avevamo ricavato l'impressione che Mani pulite avesse disarticolato il sistema della corruzione...

Disarticolato? Vuole scherzare? Noi abbiamo appena inciso la superficie della crosta. Se avessimo disarticolato qualcosa, dinanzi alle difficoltà di vedere evase le nostre rogatorie internazionali, il ministro di Grazia e Giustizia si sarebbe mosso, avrebbe investito il suo collega degli Affari esteri. Il ministro degli Esteri avrebbe sollecitato i governi stranieri. E invece...

E invece?

È storia d'oggi. Dopo un anno di impasse, è la sortita del

procuratore confederale Carla Del Ponte a smuovere qualcosa o almeno la promessa di qualcosa. No, ahimè, abbiamo toccato soltanto la superficie. Chi non è stato toccato dall'azione della magistratura e ha scheletri nell'armadio si sente non protetto, debole perché ricattabile. La società del ricatto trova la sua forza, appunto, su ciò che non è stato scoperto.

C'è chi accusa: Mani pulite ha colpito soltanto una parte del sistema politico (Dc, Psi) non testando colpevolmente – per interesse, convenienza, appartenenza politica o culturale – le responsabilità di altri (Pci, Pds). C'è chi dirà: Colombo e, con Colombo il pool, invia un messaggio a D'Alema: «Attento, se passa la riforma verremo a cercare gli scheletri nel tuo armadio e sappiamo che ci sono».

Un discorso di questo genere si basa su una serie di premesse false. Per lo meno tre. Primo, che noi non abbiamo approfondito con la stessa attenzione tutte le responsabilità, da una parte e dall'altra. Secondo, che la procura di Milano ha la possibilità di scegliere i temi e le persone da indagare indipendentemente dall'esistenza di una notizia di reato. Terzo, che non siamo indipendenti. Una volta si diceva da questa o quella forza politica. Oggi si dice dalla nostra voglia di potere, dai nostri interessi personali.

Bene, è vero, le premesse di quell'accusa possono essere queste. Lei che risponde?

Che noi abbiamo approfondito tutte le responsabilità, da una parte e dall'altra, è dimostrabile anche documentalmente. Può muovere l'obiezione che le mie parole siano una minaccia solo chi pensa che noi abbiamo delle cose nel cassetto e le sviluppiamo o meno a seconda di quel che succede intorno. Via, la falsità delle premesse non consentirebbe di affrontare la critica e tuttavia qualche cosa voglio aggiungere.

Aggiunga.

Il nostro riferimento esclusivo è la legge. Pensi quanti, quante volte, e con quali mezzi hanno tentato di dimostrare il contrario senza riuscirci. Le vicende e le soluzioni della Bicamerale, come di qualsiasi altra sede al di fuori di quella giudiziaria, non hanno la capacità di influire sul nostro lavoro. Voglio dire che tutto ciò è assolutamente indifferente rispetto all'amministrazione della giustizia.

Non le pare che l'amnistia possa essere una soluzione all'esigenza di rimuovere le cause del ricatto? In fondo, se il ricatto si basa sul timore della punizione degli illeciti commessi in passato, che cosa ci potrebbe essere di meglio adesso che evitare la loro punibilità attraverso un generalizzato provvedimento di clemenza?

Non credo che la forza del ricatto stia nel timore di essere puniti, quanto nella paura di essere scoperti. Per quanto si sia perso il senso dell'onore, i rapporti tra l'opinione pubblica continuano a funzionare con riferimento più alla responsabilità che alla punibilità. E allora le cose non cambierebbero molto, soprattutto in un Paese come il nostro dove la pena, salvi gli emarginati, è applicata eccezionalmente. Per dire, la maggioranza dei reati di cui ci occupiamo cadrà in prescrizione. L'amnistia equivale a oblio: produce occultamento del conflitto e diventa generatrice del ricatto. Se vuole, ricominciamo da capo.

No, per carità, fermiamoci qui. Può bastare, grazie.

REAZIONI PUBBLICHE ALL'INTERVISTA

Dichiarazioni di solidarietà a Gherardo Colombo effettuate a mezzo stampa da parte di: Rocco Buttiglione, Luigi Manconi, Gianni Mattioli, Alfonso Pecoraro Scanio, Pino Rauti, Elio Veltri, Paolo Flores D'Arcais, Adriano Sansa, Francesco Cossiga, Nando Dalla Chiesa, Isidoro Albertini, Luciano Balbo, Salvatore Bragantini, Gustavo Minervini, Corrado Stajano, Carlo Taormina, Luigi Ciotti, Alessandro Galante Garrone, Giorgio Cremaschi, Francesco Saverio Borrelli, Ilda Boccassini, Edmondo Bruti Liberati, Marcello Maddalena, Riccardo Targetti, Enzo La Stella, Guido Lo Forte, Marco Pivetti, Gian Carlo Caselli.

Hanno espresso posizioni di relativa apertura: Raffaele Bertoni, Walter Veltroni, Nicola Tranfaglia, Giorgio Galli, Lucio Villari, Antonio Di Pietro, Vittorio Foa, Carlo Federico Grosso, Gad Lerner, Leo Valiani, Fausto Zuccarelli.

Si sono dichiarati contrari: Luciano Violante, Cesare Salvi, Giovanni Pellegrino, Massimo D'Alema, Fabio Mussi, Pietro Folena, Marco Maffucci, Franco Marini, Nicola Mancino, Giuseppe Gargani, Giovanni Maria Flick, Carlo Giovanardi, Marco Follini, Giuliano Pisapia, Armando Cossutta, Tiziana Maiolo, Beppe Pisanu, Paolo Bonaiuti, Franco Frattini, Sebastiano Neri, Alfredo Mantovano, Gianfranco Fini, Elena Paciotti, Vittorio Borraccetti, Gerardo D'Ambrosio, Paolo Giordano, Tiziana Parenti, Paolo Fiore, Franco Franchi, Carlo Nordio, Ernesto Galli Della Loggia, Franco Corbelli, Giovanni Sartori, Ezio Mauro, Giuseppe Gargani, Bettino Craxi, Marco Boato.

EDITORIALE DI EUGENIO SCALFARI, PUBBLICATO SULLA *REPUBBLICA* DEL 1° MARZO 1998 CON IL TITOLO *LA GRANDE RISSA SULLA GIUSTIZIA*

Io conosco bene Gherardo Colombo. Lo conosco e ne ho stima fin da quando, a metà degli anni Settanta, cominciò a occuparsi di Sindona e di Calvi e a sollevare il velo della verità sulla trama criminale che sottostava alle operazioni di quelli che fino ad allora erano sembrati due finanzieri un po' arrischiati ma nei limiti della legalità. Da quel momento la procura e l'ufficio istruttorio del tribunale di Milano scesero sistematicamente in campo contro la corruzione finanziaria e politica che già stava diffondendosi come una peste in tutti gli apparati dello Stato, nei partiti, nel sistema delle imprese, ovunque esse entrassero in contatto con le pubbliche autorità e potessero (o dovessero) comprarne il favore. E da quel momento si misero all'opera i meccanismi di difesa di quel sistema omertoso, all'interno stesso dell'organizzazione giudiziaria attraverso le avocazioni delle istruttorie che rischiavano di scoperchiare quel verminaio e poi il loro insabbiamento da parte della Procura di Roma e – se necessario – di alcune sezioni ammaestrate della Suprema corte di cassazione. Negli anni Ottanta quei meccanismi di difesa raggiunsero il massimo dell'efficienza: avocazioni, archiviazioni; Milano sollevava il coperchio, Roma lo richiudeva. Non passava nulla, nessuno veniva punito, l'illegalità e la corruttela divennero la norma. Tutti sapevano, nessuno se ne dava carico. Berlinguer e Ugo La Malfa erano i soli, nel mondo politico, a denunciare e a opporsi e perciò erano in uggia a tutti gli altri. La nave andava, non è vero onorevole Bettino Craxi? La nave andava e tutta l'Italia che contava ci trovava il suo tornaconto, tutte le corporazioni partecipavano a quel banchetto di Trimalcione. Intanto l'inflazione era arrivata al quindici per cento, il debito pubblico stava raggiungendo la dimensione del prodotto interno, i tassi d'interesse erano volati al venti per cento. La nave andava, la cuccagna metteva allegria, l'avvocato Ambrosoli veniva ucciso sulla soglia di casa sua, l'inchiesta sulla P2 finiva in una bolla di sapone, noi di *Repubblica* abbaiavamo da soli alla luna. Quei pochi magistrati che volevano far rispettare la legge sembravano dei pazzi malinconici: idealisti, forse un po' fanatici, sicuramente rompicoglioni. Alcuni caddero sul campo sotto i colpi delle Br. Che strano: le P38 delle Brigate rosse prendevano di mira i magistrati che facevano il loro dovere; gli altri, i magistrati omertosi, vivevano tranquilli e non interessavano la cosiddetta giustizia rivoluzionaria. Anche su questo, prima o poi, bisognerà riflettere.

Io conosco bene Gherardo Colombo. Fu il primo, nella procura di Borrelli, a dare inizio a Mani pulite. Di Pietro è arrivato poco dopo e ha cominciato subito a spintonare come è sua abitudine, ma la testa lucida del pool è stato Colombo dall'inizio alla fine. Perché ora siamo alla fine di Mani pulite, o almeno ci stiamo arrivando a gran passi. La ragione è semplice ed è duplice. Da un lato la gente si è stancata, l'attenzione è caduta, non fatevi ingannare dai sondaggi pro Di Pietro, i giovani pensano ad altro, i disoccupati pensano ad altro, gli anziani pensano ad altro, venti e più milioni di spettatori seguono il Festival di Sanremo, altri milioni ogni sera si bevono *Striscia la notizia*, che volete che gliene importi di Mani pulite e delle rogatorie bloccate in Svizzera. Dall'altro lato la mano dura dei procuratori di giustizia ha cominciato a preoccupare e alcune loro sortite sono diventate incomprensibili perfino a chi li aveva fin qui sempre capiti e sostenuti. Nell'ottobre del '96 scrissi un articolo su questo giornale indirizzato al procuratore Borrelli. Criticavo alcune pubbliche sortite sue e dei suoi più fidati collaboratori, criticavo un profluvio di esternazioni bellicose che provenivano dai pubblici ministeri milanesi e inondavano i giornali. Quell'articolo non ebbe risposta e l'andazzo continuò fino all'intervista di Colombo di pochi giorni fa al *Corriere della Sera*. Soffermiamoci un poco su quell'intervista: essa ha provocato effetti politici di notevole rilievo, che sono tuttora operanti.

Appena fu pubblicata si verificò nel mondo politico una reazione unanime: Colombo mirava a delegittimare il sistema, i partiti, il Parlamento; Colombo, nella migliore delle ipotesi, era fuori di testa, oppure era un fondamentalista, un robespierrista, un Saint-Just redivivo, comunque una mina vagante. Oppure infine un ingenuo, caduto nella trappola tesagli da un giornale e da un giornalista. Berlusconi, parlando ieri al congresso di An a Verona, è addirittura arrivato ad accusare di golpismo il pool di Milano: accusa grottesca specie da parte d'un imputato che rifiuta pervicacemente di sottoporsi a giudizio; accusa che squalifica il capo dell'opposizione parlamentare e chi gli va dietro. Ma, tornando alle interpretazioni meno farneticanti che ho già riferito, io non ne condivido alcuna. Colombo non è un ingenuo; fa un mestiere che esclude l'ingenuità; se anche la trappola fosse stata preparata non ci sarebbe caduto; l'intervista l'ha data perché voleva darla, voleva che fosse pubblicata con la maggiore evidenza, sapeva che avrebbe provocato reazioni forti e legittime. Perché dunque l'ha fatto? Io non discuto il problema della liceità di quell'intervista. Borrelli ha citato l'articolo 21 della Costituzione che garantisce libertà d'opinione a tutti i cittadini, nessuno escluso. Ha ragione: anche i magistrati hanno diritto alle proprie opinioni e possono liberamente manifestarle purché non riguardino processi in corso a essi affidati. Il ministro Flick ha proposto l'azione disciplinare contro Colombo: anche questo è un suo diritto di fronte a una manifestazione di pensiero così clamorosa, ma non sarà il ministro a sentenziare sul caso. Si potrebbe dire che il suo era un atto dovuto, dopo il quale spetta al procuratore della Cassazione decidere il proseguimento e al Csm, se del caso, pronunciarsi. Perciò il problema non è questo. Il problema, torno a ripeterlo, è: perché l'ha fatto? Infine: non c'è l'obbligatorietà di rilasciare interviste e Colombo quelle sue tesi sui mali italiani e sul meccanismo ricattatorio che avrebbe caratterizzato gran parte della nostra storia repubblicana le aveva già esposte in un suo libro un paio d'anni fa. Certo, un libro è un libro, un'intervista su un giornale importante sparata in prima pagina è un'altra cosa. Colombo era dunque in cerca di pubblicità? Lo escluderei conoscendo l'uomo. E allora?

Colombo, poiché ha dato quell'intervista, si proponeva di produrre alcuni effetti. Quali? L'intervista lo dice chiaramente: bloccare la riforma della giustizia preparata dalla Bicamerale e rinviare quel problema alle leggi ordinarie, affermando la tesi che la Costituzione enuncia principi generali e non deve entrare nella formulazione dei meccanismi operativi. La tesi è pienamente da accogliere ed è senz'altro vero che il tema della giustizia entrò nei lavori della Bicamerale perché altrimenti l'opposizione berlusconiana non si sarebbe neppure seduta al tavolo della discussione; D'Alema stesso ne ha dato l'altro giorno pubblica conferma. Che cosa sarebbe accaduto se il dialogo sulle riforme tra maggioranza parlamentare e opposizione non fosse neppure cominciato? Delle due l'una: si sarebbe andati all'elezione d'un'Assemblea costituente (col sistema proporzionale) che avrebbe di fatto delegittimato il Parlamento eletto nel 1996; oppure l'opposizione avrebbe irrigidito la linea di scontro e di ostruzionismo parlamentare rendendo di fatto impossibile governare e quindi impedendo il risanamento finanziario e il nostro ingresso in Europa. Colombo non è uno sciocco e quindi queste cose le sa. Si dirà: è un magistrato e si occupa solo di giustizia. Obiezione: se pretende di enunciare i suoi giudizi su mezzo secolo di storia patria, allora non parla come magistrato ma come cittadino; ne ha pieno diritto, ma con l'obbligo di misurare le conseguenze di ciò che dice. Giustamente queste stesse osservazioni sono state fatte da Ezio Mauro il giorno stesso che seguì a quell'intervista. Quali sono stati gli effetti politici di essa? Immagino che Colombo li stia vedendo come tutti gli osservatori obiettivi li vedono: essa ha rafforzato Berlusconi che ora alza il prezzo sulla giustizia; ha rafforzato Cossiga (che infatti solidarizza con Colombo) e il suo obiettivo di affondare le riforme preparate dalla Bicamerale. Se quelle proposte salteranno, si aprirà una fase di scontro politico molto aspro. Il Pds resisterà oppure ripiegherà, dipenderà dal peso delle forze in gioco. Il giornale che ha ospitato l'intervista di Colombo, coerente con la sua linea politica, non ha sparato le sue critiche contro l'intervistato ma contro il segretario del Pds: è lui infatti il vero bersaglio della destra, del centro e perfino di una parte della stessa sinistra. Concludo. L'intervista di Gherardo Colombo ha prodotto rilevanti effetti politici che non sono ancora finiti. Ha rafforzato i falchi e i picconatori della destra e ha creato gravi difficoltà alla maggioranza di governo. È questo che voleva il procuratore di Milano? Oppure non lo prevedeva? Oppure voleva soltanto ripetere su un giornale ciò che aveva già consegnato a un libro? O che cos'altro? Caro Colombo, per la stima antica che ho di lei mi permetto un suggerimento: sarebbe il caso che lei desse una seconda intervista per spiegare la prima. Le sue opinioni infatti erano chiare, ma le sue intenzioni restano assai oscure. Non vuole chiarirle?

MINUTA DELLA LETTERA DI GHERARDO COLOMBO INDIRIZZATA ALLA GIUNTA PER LE AUTORIZZAZIONI A PROCEDERE DELLA CAMERA DEI DEPUTATI IL 20 FEBBRAIO 2001

All'onorevole signor presidente
Agli onorevoli signori vicepresidenti
Agli onorevoli signori segretari
Agli onorevoli membri della Giunta per le autorizzazioni a procedere
in giudizio della Camera dei deputati

e, per conoscenza:
Al signor presidente della Camera dei deputati

Onorevoli signori,
mi rivolgo a voi per segnalare che la relazione dell'onorevole Filippo Berselli nella seduta n. 855 dell'8.2.2001 (Discussione – Doc. IV quater, n. 162) contiene, secondo le mie conoscenze, alcune rilevanti inesattezze.

La vicenda riguarda una richiesta di deliberazione in materia di insindacabilità avanzata dal deputato Vittorio Sgarbi con riferimento ad un procedimento penale pendente nei suoi confronti presso il tribunale di Brescia a seguito di querela proposta da chi vi scrive, che si è sentito diffamato per avere Sgarbi affermato, nel corso di tre puntate della trasmissione *Sgarbi quotidiani*, che io avrei fabbricato un documento falso, ed esattamente un passi intestato all'avvocato Massimo Berruti.

Secondo l'autorevole relatore « il passi asseritamente rinvenuto nell'agenda dell'avvocato Berruti in realtà fu ritrovato solo tre mesi dopo l'acquisizione dell'agenda stessa da parte della magistratura». Ciò non è esatto, perché il passi venne rinvenuto a distanza di poco più di un mese dalla perquisizione, ed esattamente quando l'ufficio procedette all'analisi in dettaglio del contenuto dell'agenda medesima.

Inoltre, sempre secondo la relazione, «il brigadiere Piazza sembra aver smentito il dottor Colombo, il quale aveva sostenuto che fosse stato proprio costui ad avergli consegnato il passi». In effetti il dottor Colombo, che vi scrive, non ha mai sostenuto che il passi fosse stato ritrovato dal brigadiere Piazza ed anzi, quando se n'è presentata l'occasione, in sedi istituzionali, ha sempre affermato di avere ritrovato personalmente il passi medesimo, con ciò confermando quanto da Piazza riferito in pubblica udienza.

Riferisce infine la relazione che «Silvio Pastore, l'agente di guardia all'ingresso di Palazzo Chigi, abbia negato di aver visto entrare l'avvocato Berruti nel giorno e nell'ora indicati dalla pubblica accusa». La circostanza è esatta, e tuttavia che quella sera, approssimativamente nell'ora indicata sul passi, l'avvocato Berruti si trovasse in Palazzo Chigi è pacificamente ammesso dallo stesso Berruti, da Marinella Brambilla, segretaria dell'allora presidente del Consiglio, da Nicolò Querci, allora assistente alla presidenza del Consiglio. Il presidente del Consiglio dell'epoca, peraltro, in un suo interrogatorio di data 13 dicembre 1994 ha dichiarato di avere incontrato Berruti la sera cui il passi si riferisce.

Faccio peraltro presente che l'avvocato Berruti, proprio con riferimento all'incontro avvenuto la sera cui il passi si riferisce, è stato condannato in primo e secondo grado di giudizio per il reato di favoreggiamento (pende ancora il ricorso per Cassazione).

E faccio anche presente che l'autorità giudiziaria di Brescia ha individuato l'autore materiale del passi in Michele Mangialavori, addetto all'ufficio passi di Palazzo Chigi, il quale ha confermato di esserne stato l'autore in numerosi esami come testimone. Il passi è stato sottoposto a perizia calligrafica che ne ha confermato la provenienza dal Mangialavori. Questi ha anche dichiarato di aver redatto il passi su richiesta telefonica della segreteria della presidenza del Consiglio.

Certo che le inesattezze in questione non dipendono né dalla loro volontà né dalla loro attenzione, ho ritenuto doveroso, da parte mia, fornirvi le informazioni in mio possesso.

Allego la documentazione di maggior rilievo che ho potuto, al momento, recuperare: nota del brigadiere Piazza di data 9.11.94; stralci delle trascrizioni delle dichiarazioni rese da Mangialavori il 26.1.01, da Brambilla il 18.9.96 e il 29.10.97, da Querci il 18.9.96 e il 29.10.97, da Berlusconi (verbale riassuntivo e trascrizione) il 13.12.94.

Distinti saluti.

Gherardo Colombo

SINTESI DELLE CONCLUSIONI DEL RAPPORTO SULL'ITALIA DEL GRECO (GRUPPO DI STATI CONTRO LA CORRUZIONE) DEL CONSIGLIO D'EUROPA DEL 2009

Nonostante la chiara volontà di giudici e procuratori per trattare efficacemente il tema della corruzione, essa viene percepita in Italia come un fenomeno generalizzato riguardante numerosi settori territoriali e settoriali (in particolare nei settori pubblici dell'urbanizzazione e della sanità). Se è stato adottato un vasto arsenale giuridico, specialmente negli anni Novanta, per porre in essere un'adeguata repressione dei fenomeni corruttivi (per esempio introducendo delle ambiziose regole che permettano il sequestro dei benefici della corruzione, l'applicazione di tecniche di investigazione speciali, il ricorso a testimonianze di pentiti, l'accesso senza riserve ai conti bancari eccetera) si rendono necessarie azioni supplementari allo scopo di dar vita ad una politica di prevenzione effettiva in questo campo. Un vasto programma anticorruzione deve essere promosso allo scopo di informare i cittadini delle misure prese e dei risultati concreti ottenuti nella lotta contro la corruzione. Sarebbe necessaria una strategia a lungo termine e un impegno politico costante. Combattere la corruzione è diventato una questione non solo legislativa, ma anche culturale.

Il sistema penale italiano porta le conseguenze della durata eccessiva dei processi, con le possibili conseguenze in termini di prescrizione. E risulta evidente che i tempi lunghi per portare a termine i casi di corruzione rischiano di costituire un problema particolarmente grave soprattutto qualora dovesse intervenire la prescrizione. Risulta quindi necessario analizzare le conseguenze di tale inconveniente e comunque intervenire almeno sui casi più eclatanti. La preoccupazione riguarda soprattutto l'immunità di fatto di cui vengono a beneficiare determinati titolari di funzioni pubbliche.

Nel contempo risulta necessario portare dei miglioramenti in merito alla trasparenza e alla stessa deontologia della Pubblica amministrazione italiana. Andrebbero, a questo proposito, prese delle ulteriori misure quali il libero accesso ai documenti ufficiali, forme di auditing interne, l'implementazione delle norme deontologiche, la prevenzione dei conflitti di interesse, lo spostamento di personale pubblico al settore privato. Inoltre risulta indispensabile, per facilitare politiche preventive nei confronti della corruzione, intraprendere un'azione di sensibilizzazione nei confronti delle competenti autorità fornendo loro le necessarie informazioni.

Risulta infine necessario assicurare che venga seguito un corretto comportamento deontologico nel settore privato, con l'attivazione di forme di responsabilità all'interno delle imprese tramite il rafforzamento degli obblighi di contabilità e controllo, promuovendo sanzioni che risultino effettive, proporzionate e dissuasive.

Ciò premesso, il Greco rivolge all'Italia le seguenti raccomandazioni:

1) La presentazione da parte delle istituzioni competenti, con la partecipazione della società civile, di una proposta politica anticorruzione che promuova la prevenzione, l'individuazione e l'incriminazione degli affari corruttivi, e ne preveda il controllo e una valutazione d'efficienza.
2) Riesaminare la legislazione italiana esistente in modo da recepire le istanze della Convenzione penale sulla corruzione, in modo che professionisti e magistrati abbiano la possibilità di consultarla e utilizzarla con la dovuta facilità.
3) Porre in atto un programma di formazione specializzata per gli ufficiali di polizia allo scopo di permettere loro un'adeguata conoscenza sul modo in cui la corruzione deve essere trattata.
4) Rinforzare la coordinazione tra le differenti forze dell'ordine interessate alla scoperta dei fenomeni corruttivi sul territorio italiano e creare forme adeguate di sostegno per le relative investigazioni.
5) Allo scopo di assicurare in tempi ragionevoli un successo nella lotta alla corruzione, analizzare i casi di pre-

scrizione di fatti corruttivi per stabilire le cause che li hanno determinati, diffondendo poi i risultati dello studio.

6) Modificare la legge 124/2008 in modo che la sospensione delle incriminazioni non riguardi i casi più gravi di corruzione in caso di flagranza e allorché le relative procedure siano ad uno stadio avanzato.
7) Considerare la possibilità di introdurre l'istituto della confisca dei benefici della corruzione.
8) Creare un sistema di valutazione dell'attività delle forze dell'ordine in tema di repressione di fenomeni corruttivi in un quadro di cooperazione internazionale.
9) Insistere nei confronti del personale impegnato nella lotta alla corruzione di permettere la diffusione delle relative informazioni in un quadro di cooperazione in modo da poterne ottenere i conseguenti benefici, prendendo anche le necessarie sanzioni nei confronti di chi, avendone l'obbligo, non provveda a divulgare la conoscenza di operazioni sospette.
10) Dotare le istituzioni anticorruzione dell'autorità e delle risorse per una valutazione dell'efficacia dei dispositivi amministrativi finalizzati alla prevenzione e alla divulgazione dei fatti corruttivi; rendendo poi di pubblico dominio tali valutazioni in modo che si possa provvedere a eventuali riforme.
11) Far sì che anche le amministrazioni locali possano garantire l'accesso alle informazione di loro competenza. Allorché sussistano delle informazioni circa fatti corruttivi occorre verificare se le leggi in vigore dovessero limitare la possibilità di giudicarle. Nel caso di un ricorso fermo presso i tribunali amministrativi, dare la possibilità di avere da loro le necessarie informazioni.
12) Dare alle autorità la possibilità di varare soluzioni al-

ternative quando fosse fatto ricorso a un eccesso di ricorsi amministrativi o a una lunga durata dei processi.

13) Nell'ambito della riforma globale della Pubblica amministrazione, prevedere forme di auditing interno per tutti i suoi organismi.

14) Imporre norme di comportamento a tutti i pubblici funzionari in tutti i gradi dell'Amministrazione, fornendo loro le conseguenti direttive e la necessaria formazione. Prevedere delle misure disciplinari in caso di violazione di queste norme senza aspettare una condanna penale definitiva.

15) Elaborare un codice di condotta debitamente pubblicizzato per i membri dell'Amministrazione che preveda dei limiti in tema di accettazione di regali.

16) Adottare delle restrizioni in materia di conflitti d'interesse applicabili a tutti coloro che esercitino funzioni pubbliche, prevedendo anche la divulgazione delle situazioni patrimoniali per coloro che vi siano particolarmente esposti.

17) Adottare e mettere in opera dei limiti ai conflitti di interesse di amministratori pubblici che dovessero passare al settore privato.

18) Proteggere coloro che dall'interno della funzione pubblica dovessero segnalare in buona fede eventi di corruzione.

19) Far sì che le imprese private debbano essere considerate responsabili di fatti corruttivi al loro interno.

20) Prevedere l'interdizione a posizioni direttive dei condannati per gravi forme di corruzione in tutti i casi, indipendentemente dalla presenza o meno di abusi di potere o di violazione dei compiti relativi alla funzione esercitata.

21) Rafforzare gli obblighi contabili di tutte le imprese

(quotate e non) controllando che le pene applicabili siano effettive, proporzionali e dissuasive.

22) Studiare, in collaborazione con le organizzazioni professionali degli amministratori, dei revisori dei conti e dei professionisti, quelle misure supplementari (comprese quelle a carattere legislativo) che possano essere adottate per migliorare la situazione in tema di ipotesi di corruzione e di riciclaggio di denaro da parte degli organismi competenti. In ottemperanza alla norma 30.2 del regolamento interno, il Greco invita le autorità italiane a predisporre un rapporto sulla messa in opera delle citate raccomandazioni entro il 31 gennaio 2011 e a renderlo pubblico.

BIBLIOGRAFIA

Il testo riguardante Mani pulite che ci sembra più completo è *Mani pulite. La vera storia*, redatto da Gianni Barbacetto, Peter Gomez e Marco Travaglio (Editori Riuniti, 2002). È un'opera molto dettagliata, ricca di documentate informazioni, che attraversa tutti gli anni Novanta. Cronache e racconti, dati e date, carte segrete e rivelazioni inedite, scene e retroscena di dieci anni di storia italiana smentiscono – senza aggettivi né commenti – le bugie e le amnesie del revisionismo ufficiale. Interviste con i magistrati del pool e, in appendice, le memorie di Francesco Saverio Borrelli.

Di Gherardo Colombo segnaliamo in particolare cinque pubblicazioni. In ordine cronologico:

– *Il vizio della memoria* (Feltrinelli, 1996), nel quale Colombo ripercorre la propria biografia partendo dalla sua formazione umana e professionale e arrivando ai primi anni di Tangentopoli. I valori trasmessi dalla famiglia, l'educazione e la formazione ricevute sfociano nella decisione di entrare in magistratura: la narrazione rievoca la cultura del Sessantotto, gli omicidi dei colleghi Alessandrini e Galli; l'adesione a Magistratura democratica; la clamorosa inchiesta su Licio Gelli e la loggia P2 e gli altrettanto clamorosi « tronconi » derivati dell'inchiesta; la partecipazione e la consulenza alla Commissione stragi; l'incontro con Giovanni Falcone, l'inchiesta Mani pulite, le dimissioni di Di Pietro, gli ultimi sviluppi, fino a una riflessione di carattere propositivo. Il libro è insieme un autoritratto intellettuale, una sorta di rapida autobiografia e un diario della crisi italiana. Non mancano, infatti, gli amari giudizi sulla società italiana e la sua tendenza a disprezzare le regole della convivenza civile che verranno ripresi e ampliati nelle opere successive.

– *Ameni inganni* (Garzanti, 2000), dove viene riproposto un carteggio di fine anni Novanta tra Gherardo Colombo e lo scrittore-giornalista Corrado Stajano. Vi si affrontano, a qualche anno di distanza, le questioni giudiziarie e quelle delle riforme sollevate dall'esperienza di Mani pulite, nonché il tema del rispetto della legalità nella nostra vita collettiva. Che cosa comporta l'esperienza di Mani pulite per noi cittadini e per la nostra idea di società civile? Quali riforme possono caratterizzare un progetto politico che ancora voglia introdurre, con il rispetto dei principi di legalità, un minimo di decenza nella vita collettiva del Bel paese? Nel dibattito tra Colombo e Stajano, che ha seguito con viva e sentita partecipazione le vicende della Repubblica, un bilancio sconfortato ma nonostante tutto vitale del 1999, l'anno che insieme con l'impazzimento della politica sembra aver decretato l'affossamento di ogni passione civile.

– *Sulle regole* (Feltrinelli, 2008), in cui Colombo opera una riflessione generale sulla cultura della giustizia e sul senso profondo delle regole, che inevitabilmente implica un coinvolgimento degli stessi modelli di società a cui le norme sono ispirate. Ne emerge un modello « orizzontale » di convivenza basato sul rispetto della persona e sul riconoscimento dell'altro, che ha come fondamentale riferimento la nostra Costituzione. Un dibattito sul valore e sulla cultura della legge in Italia per chiarire l'importanza che ricoprono nella società non solo le istituzioni ma anche i cittadini e la loro consapevolezza che l'adempimento dei doveri di solidarietà politica, economica e sociale sia l'unico modo per realizzare una società migliore: più equa, giusta e vivibile.

- *Democrazia* (Bollati Boringhieri, 2011), dove Colombo mette in relazione la ricerca della felicità individuale con il rispetto e la considerazione per gli altri. Dopo aver esaminato il significato stesso della parola « democrazia » ne esamina gli aspetti formali e sostanziali mettendola infine in relazione con l'impegno che ciascun cittadino deve porre in essere per conquistarla e mantenerla giorno per giorno.
- *Il perdono responsabile* (Ponte alle Grazie, 2011), che affronta il tema della pena carceraria: per la Costituzione, la detenzione in carcere dovrebbe essere un'occasione di riabilitazione, ma rimane solo uno strumento di repressione. Qui Colombo indaga le basi della cosiddetta giustizia riparativa e delle sue pratiche, che non riguardano solamente i tribunali e le carceri, ma l'essenza stessa della convivenza civile. È possibile pensare a forme diverse di sanzione, che coinvolgano vittime e condannati in un processo di concreta responsabilizzazione?

Il 23 ottobre 1996 alla Camera dei deputati viene presentato il *Rapporto del Comitato di studio sulla prevenzione della corruzione*, presieduto dal professor Sabino Cassese. Il Rapporto illustra una serie di interventi di breve, medio e lungo periodo finalizzati alla prevenzione della corruzione, nessuno dei quali, sostanzialmente, è trasformato in un provvedimento di legge negli anni successivi. Il Rapporto è consultabile on line su www.avvisopubblico.it. Un estratto è stato pubblicato nel volume *La lotta alla corruzione* (Laterza, 1998).

L'analisi forse più completa in tema di malaffare in Italia si trova nel saggio *La corruzione in Italia*, scritto da Piercamillo Davigo e Grazia Mannozzi (Laterza, 2007). La ricerca ha per riferimento gli anni Ottanta e Novanta ed è corredata da numerosi dati relativi alle diverse tipologie di reati e alla loro repressione penale.

In *Mani impunite. Vecchia e nuova corruzione in Italia* (Laterza, 2007) Donatella Della Porta e Alberto Vannucci affrontano il panorama della corruzione dopo Mani pulite. Mentre da tempo il problema della corruzione in Italia non è più all'ordine del giorno, negli ultimi anni una lunga serie di episodi di micro-corruzione e scandali politici e finanziari hanno segnalato una chiara linea di continuità con le vicende svelate dall'inchiesta milanese. L'analisi si concentra sui meccanismi della corruzione, sulle trasformazioni rispetto al passato, sul rafforzato intreccio tra politica ed economia che sta caratterizzando la nuova fase istituzionale.

Valide ricerche sugli effetti economico-finanziari della corruzione sono state fatte da Marco Arnone ed Eleni Iliopulos, e da Gabrio Forti. Entrambe edite da Vita e Pensiero, s'intitolano rispettivamente *La corruzione costa* e *Il prezzo della tangente* e riportano realistiche ipotesi di calcolo dei costi economico-sociali delle tangenti, basate sulle analisi dell'organizzazione Transparency International.

Un'avvincente testimonianza degli albori dell'inchiesta è in *1992: i primi cento giorni di Mani pulite*, di Antonio Carlucci (Baldini & Castoldi, 2002), la prima ricostruzione compiuta di una stagione dagli esiti laceranti; a distanza di tempo conserva intatta la ricchezza di un racconto che l'autore basò su testimonianze di prima mano.

Ricca è anche la bibliografia che raccoglie testimonianze

da parte dei protagonisti. A questo proposito ricordiamo le dichiarazioni, i comunicati e le interviste raccolte in *Corruzione e giustizia. Mani pulite (1992-1998) nelle parole del procuratore Francesco Saverio Borrelli*, a cura di Corrado De Cesare (Kaos, 1999); segnaliamo anche il racconto serrato di Antonio Di Pietro, *Intervista su Tangentopoli* (a cura di Giovanni Valentini, Laterza, 2000), dove per la prima volta l'ex magistrato ricostruisce dall'inizio, e con molti retroscena inediti, la vicenda che ha sconvolto l'Italia.

Infine, *La giubba del re: intervista sulla corruzione*, di Davide Pinardi a Piercamillo Davigo (Laterza, 2004).

Per chi volesse prendersela con la vituperata « classe politica » segnaliamo il saggio di Franco Bechis *Onorevole l'arresto! 851 atti di accusa e 447 parlamentari coinvolti* (Newton Compton, 1994).

In conclusione, rimane il tema di fondo dei motivi che informano i comportamenti dei nostri connazionali e quello del perché i fenomeni di corruzione siano così diffusi nel nostro Paese.

Sul carattere degli italiani ci vengono incontro due opere di Giacomo Leopardi, lo *Zibaldone di pensieri* e il *Discorso sopra lo stato presente dei costumi degl'italiani*, nonché il volume *Lo Stato nel pensiero di Nicolò Machiavelli* di Francesco Ercole (Società tipografica sarda, 1917), e in particolare il saggio *Lo Stato corrotto: cause sintomi e conseguenze della corruzione nello Stato*, dove lo studioso, partendo dal contrasto tra l'antica virtù romana e la corruzione moderna, ripercorre la storia e le cause della corruzione degli Stati europei, e soprattutto della corruzione e dei disordini degli « Stati italiani ». Interessante il capitolo conclusivo, dove affronta le conseguenze della corruzione statale.

Un ulteriore, importante contributo è rappresentato dagli atti del convegno *Etica pubblica e amministrazione. Per una storia della corruzione nell'Italia Contemporanea* (a cura di G. Melis, Cuen, 1999), tenutosi a Napoli nel 1997. Attraverso una ricostruzione storica, i saggi raccolti affrontano il tema della corruzione pubblica nella storia italiana a partire dall'Unità. I temi principali riguardano il clientelismo e le malversazioni bancarie nell'Italia di Depretis e di Crispi, le grandi truffe ai danni dell'erario pubblico nell'età giolittiana, le ruberie nella prima guerra mondiale, le deviazioni dell'amministrazione liberale e fascista attraverso le ispezioni nelle prefetture e la grande inchiesta del 1908 sulla Pubblica istruzione, gli scandali del regime fascista e quelli dell'età repubblicana, la speculazione e infine le patologie nell'età di Tangentopoli.

Al centro del volume corre una tesi di fondo: se la corruzione rappresenta un aspetto in un certo modo fisiologico in ogni epoca e regime politico, mutano però profondamente le condizioni ambientali e culturali in cui cresce e si sviluppa. Si evidenziano, così, i rapporti tra tassi di corruzione e tenuta etica delle classi dirigenti, focalizzandosi su problemi ancora oggi attuali: la vicinanza tra politica e amministrazione, la caduta dei controlli ispettivi nelle amministrazioni, la rinuncia alle attività preventive, la moltiplicazione dei centri di spesa, la perdita d'identità delle burocrazie pubbliche.

Consigliamo inoltre l'interessante saggio di Silvana Patriarca *Italianità* (Laterza, 2010), nel quale la docente di Storia europea contemporanea ripercorre i talvolta impietosi giudizi inerenti al nostro « carattere nazionale » da parte di autori italiani e stranieri nel corso degli ultimi due secoli.

Sul tema della corruzione in generale segnaliamo due istituzioni internazionali che si occupano del fenomeno:

Transparency International, che pubblica ogni anno, fra l'altro, gli indici di corruzione (Cpi) Paese per Paese nel sito www.transparency.it.

Gruppo di Stati contro la corruzione (Greco) del Consiglio d'Europa, che è stato istituito nel 1999 con il compito di combattere la corruzione attraverso un costante monitoraggio della stessa nei Paesi membri. Ha sede a Strasburgo. Il suo sito è www.coe.int/greco.

Un'utile sintesi degli avvenimenti di Mani pulite si ritrova su *Wikipedia* (all'indirizzo wikipedia.org/wiki/Mani_pulite). È possibile leggere gli articoli comparsi all'epoca attraverso la consultazione gratuita degli archivi on line del *Corriere della Sera* (archiviostorico.corriere.it) e della *Repubblica* (ricerca.repubblica.it).

Ulteriori approfondimenti sono on line sul blog Integrità (blogintegrita.sspa.it) della Scuola superiore di pubblica amministrazione. Vi scrivono i più stimati esperti italiani in materia di corruzione.

Per chi avesse la pazienza di vedersi undici ore di documentari d'epoca, segnaliamo le quattro videocassette su Mani pulite intitolate *Mariuoli a Milano*, *Gli uomini d'oro*, *I Viceré* e *Il duello*. Sono state curate da Pino Corrias, Renato Pezzini, Roberto Capanna, Peter Freeman e Paolo Luciani, e trasmesse dalla Rai nel 1997 (il materiale è visibile, ad esempio, presso la Biblioteca Comunale Sormani di Milano).

Infine, negli archivi web della Rai (www.rai.tv) è disponibile la puntata di Blu Notte, il programma di Carlo Lucarelli, dedicata a Tangentopoli e andata in onda il 7 settembre 2008.

NOTE

[1] In una busta si legge: «UBS-Lugano c/c 633369 'Protezione' Numero corrispondente all'onorevole Claudio Martelli per conto di Bettino Craxi, presso il quale in data 28.10.1980 è stata accreditata dal dottor Roberto Calvi per la sigla dell'accordo con l'Eni fatta dal dottor Fiorini la somma di $ 3.500.000. Alla firma dell'atto che avverrà il 20/11/1980, che sarà fatto tra il dottor C.R. e D.D.L., sarà versato un altro importo di $ 3.500.000». Per tale vicenda Craxi e Martelli sono stati processati a Milano in relazione alla bancarotta del Banco Ambrosiano di cui era presidente Calvi, anch'egli iscritto alla P2. Le somme destinate al conto Protezione erano state, infatti, distratte dal patrimonio del Banco. Il processo a Craxi è terminato a causa del suo decesso (l'articolo 150 del codice penale stabilisce che «la morte del reo [...] estingue il reato»). Al momento della morte era stato condannato in primo grado a otto anni e sei mesi e in appello a cinque anni e nove mesi. Il 15 giugno 1999 la Cassazione aveva annullato la sentenza d'appello, ordinando un nuovo processo. Claudio Martelli era stato condannato dal tribunale di Milano il 29 luglio 1994 a otto anni e sei mesi di reclusione, pena ridotta in appello nel 1997 a quattro anni. Il 15 giugno 1999 la Cassazione aveva annullato (con rinvio) la condanna. Nel 2001 è stato condannato a tre anni e otto mesi dalla corte d'appello di Milano. La Cassazione ha annullato ancora la sentenza d'appello. Nel 2003 la corte d'appello di Milano, a seguito del pagamento da parte dell'imputato di oltre settecento milioni di lire a titolo di risarcimento del danno, ha concesso le attenuanti generiche e il reato è caduto in prescrizione. La Cassazione ha respinto il ricorso di Martelli contro la sentenza.

[2] Nel 1984 la prima sezione penale della corte di cassazione, presieduta da Corrado Carnevale, stabilì la competenza dell'autorità giudiziaria romana.

[3] Il decreto venne presentato da Giuliano Amato (il premier in carica) e Giovanni Conso (ministro di Grazia e Giustizia, celebre processualista ed ex presidente della corte costituzionale) e proposto all'opinione pubblica come un modo per venire incontro alle richieste dei magistrati di Milano e per trovare una soluzione ad un fenomeno dilagante. Il decreto non entrò in vigore in quanto non venne firmato dal presidente della Repubblica Oscar Luigi Scalfaro.

[4] La citazione è attribuita a Gherardo Colombo nel testo di G. Barbacetto, P. Gomez, M. Travaglio, *Mani pulite. La vera storia*, Editori riuniti, Roma, 2002, p. 358.

[5] Giovanni Falcone, anche a seguito di contrasti con alcuni ambienti del Palazzo di giustizia di Palermo, era stato incaricato della direzione degli Affari penali presso il ministero di Grazia e Giustizia. Falcone riteneva che la lotta alla mafia fosse del tutto inutile se non si arrivava ai referenti politici che garantivano le coperture all'organizzazione. Per fare ciò credeva necessario, tra le altre cose, un maggiore coordinamento tra i vari magistrati che indagavano su fatti di mafia (sua l'idea della cosiddetta Superprocura) e una maggiore efficienza nell'organizzazione della giustizia penale. Per questi ed altri motivi aveva scelto di abbandonare il tribunale di Palermo per il ministero (tenuto all'epoca da Claudio Martelli), decisione non condivisa da molti colleghi. La collisione con il pool di Milano avvenne quando i magistrati milanesi inoltrarono delle rogatorie dirette in Svizzera al ministero, ma senza inviare gli allegati con i documenti più delicati. Il timore degli inquirenti era che al ministero vi fosse qualcuno (non certo Giovanni Falcone) che avrebbe potuto divulgare atti ancora coperti da segreto e sviare le indagini.

[6] Per il reato di appropriazione indebita è stata dichiarata la prescrizione, mentre dal reato di falso in bilancio Dell'Utri è stato assolto.

[7] La posizione delle persone decedute si esaurisce ai sensi dell'articolo 150 del codice penale.

[8] Il 9 aprile 1997 il gup di Torino condanna Romiti a un anno e sei mesi. La corte d'appello di Torino, il 29 maggio 1999, riduce la condanna a undici mesi e dieci giorni, sentenza divenuta definitiva in Cassazione il 19 ottobre 2000. Nel 2003 Romiti ha ottenuto dal-

la corte d'appello di Torino la revoca della sentenza di condanna, sulla base della nuova e più favorevole normativa in materia di falso in bilancio nel frattempo approvata.

[9] All'articolo 8 del disegno di legge di conversione, poi non approvato dalla Camera dei deputati, si legge: « Sono coperte da segreto fino alla chiusura delle indagini le notizie relative all'invio o al contenuto dell'informazione di garanzia [...] ».

[10] Sempre nel disegno di legge di conversione, nella relazione accompagnatoria indirizzata ai deputati, si legge: « In definitiva, la previsione più rilevante e innovativa è quella con la quale si è stabilito che, per larga parte dei delitti per i quali è possibile l'adozione della custodia cautelare, debba essere applicata, ricorrendone le condizioni, esclusivamente la misura degli arresti domiciliari ».

[11] Portavoce del segretario della Democrazia cristiana, Arnaldo Forlani fu sentito quale persona informata sui fatti dai pubblici ministeri nell'ambito dell'inchiesta Enimont. Fu arrestato in flagranza per il reato di « false informazioni al pubblico ministero » e processato per direttissima. L'ingresso di Carra in aula, in manette, suscitò vive polemiche. Riportò una condanna a due anni e quattro mesi, ridotta in appello a un anno e quattro mesi, divenuti definitivi in Cassazione.

[12] Trattandosi di questioni processuali di difficile comprensione per i non addetti, con grande approssimazione si può dire che, con il nuovo codice del 1989, le dichiarazioni accusatorie rese nella fase delle indagini davanti al pubblico ministero da un imputato nel medesimo reato (ad esempio, il corrotto nei confronti del corruttore), o in reato connesso, non potevano essere utilizzate nel dibattimento se non venivano ripetute dal dichiarante, il quale si doveva sottoporre all'esame da parte del difensore dell'imputato. La corte costituzionale, nel 1992, aveva però dichiarato l'illegittimità di tale norma in quanto non assicurava la giusta tutela alle esigenze di repressione dei reati e la « non dispersione della prova ». Nel '97, il Parlamento (maggioranza di centro-sinistra) modificò la norma prevedendo di nuovo l'inutilizzabilità delle dichiarazioni non ripetute in dibattimento (salvo casi eccezionali). La corte costituzionale, nel 1998, dichiarò ancora una volta illegittimo l'articolo 513 come modificato nel 1997. Con l'intervento della corte si impediva che la semplice decisione dell'accusatore di rimanere in silenzio in dibat-

timento fosse da sola sufficiente a rendere inutilizzabile la dichiarazione resa durante le indagini. Si arrivò così alla riforma costituzionale varata bipartisan con la legge costituzionale n. 2 del 1999, che ha riscritto l'articolo 111 della Costituzione (sul «giusto processo»). Tale riforma è stata poi attuata con una legge ordinaria (legge n. 63 del 2001) che ha riscritto, alla luce del nuovo articolo 111 della Costituzione, i rilevanti articoli del codice di procedura penale, tuttora vigenti.

[13] Il processo Imi-Sir ha come antefatto il procedimento civile intrapreso nel 1982 nei confronti dell'Istituto Mobiliare Italiano (Imi) da Nino Rovelli (*dominus* della Sir), che affermava di aver subito un danno ingente per il mancato rispetto, da parte dell'Imi, di pregressi accordi contrattuali. La causa si concluse nel 1992 con la soccombenza dell'Imi, che fu condannata al pagamento di quasi mille miliardi di lire alla Sir. A seguito di articolate indagini condotte dalla procura della Repubblica di Milano, fu accertata la corruzione, tramite gli avvocati romani Cesare Previti, Giovanni Acampora e Attilio Pacifico, del giudice della corte d'appello di Roma Vittorio Metta. Nel processo Imi-Sir Previti è stato condannato in via definitiva a sei anni con sentenza della corte di cassazione in data 4 maggio 2006 (Metta a sei anni, Pacifico a sei anni e Acampora a tre anni e otto mesi). Il processo relativo al Lodo Mondadori riguarda invece una controversia tra la Cir di Carlo De Benedetti e la Fininvest di Silvio Berlusconi per il controllo della Mondadori. Nel 1991 la corte d'appello di Roma (il consigliere estensore della sentenza fu Vittorio Metta) dichiarò la nullità del lodo arbitrale che dava ragione alla Cir, con la conseguente assegnazione di Mondadori a Fininvest. A seguito delle indagini svolte dalla procura della Repubblica emerse che anche in tale vicenda il giudice Metta era stato corrotto. In questo procedimento Previti è stato condannato in via definitiva, con sentenza della Cassazione del 13 luglio 2007, a un anno e sei mesi di reclusione (Metta a due anni e nove mesi; Pacifico e Acampora a un anno e sei mesi).

[14] La richiesta fu inviata dalla procura di Milano nell'ambito dell'indagine sulla vicenda Imi-Sir e giunse alla Camera dei deputati il 3 settembre 1997. Gli atti furono poi restituiti alla procura in

quanto, secondo l'interpretazione della Camera, la richiesta doveva essere inoltrata dal gip. Il gip Alessandro Rossato la inoltrò, ma la Camera il 12 gennaio 1998 la respinse.

[15] La riforma del delitto di abuso d'ufficio fu approvata nel 1997 durante il Governo Prodi. La norma che prevedeva tale reato fu riscritta specificando quando la condotta del pubblico funzionario deve considerarsi illecita (la precedente formulazione era criticata in quanto ritenuta troppo generica). In particolare, per aversi abuso d'ufficio il pubblico funzionario deve procurare, con la propria condotta illecita, un ingiusto danno a sé o ad altri o un ingiusto vantaggio a sé o ad altri; vantaggio che, al contrario della formulazione precedente al 1997, deve avere sempre natura patrimoniale.

[16] La riforma del delitto di false comunicazioni sociali (articoli 2621 e 2622 del codice civile), operata dal secondo Governo Berlusconi nel 2002, ha fortemente depotenziato le norme che punivano il cosiddetto falso in bilancio. In particolare, si sono previste delle soglie «minime» di impatto del falso sul bilancio, da calcolare secondo dati di natura economica, al di sotto delle quali il fatto non costituisce reato. Inoltre, per una parte consistente di casi, si procede a querela di parte (e non d'ufficio).

[17] Con la legge n. 251 del 2005 (cosiddetta «ex Cirielli» per il fatto che il suo promotore rinnegò la paternità del testo di legge definitivamente approvato dal Parlamento).

[18] Le lamentele mosse nei confronti dei magistrati milanesi furono le più varie: illegittimità nella conduzione delle indagini sulla Fininvest (abusi nelle perquisizioni, intento persecutorio, volontà di screditare il presidente del Consiglio), abuso della carcerazione preventiva, intenzionali omissioni investigative riguardo al cosidetto «filone rosso», indagini nei confronti dell'ex ministro democristiano Clelio Darida (poi prosciolto a Roma).

[19] Dopo migliaia di documenti esaminati, centinaia di audizioni e riscontri, i tre ispettori del ministero conclusero l'ispezione redigendo una relazione di ben 364 pagine (esclusi allegati), intitolata *Accertamenti su comportamenti di magistrati della procura della Repubblica di Milano.* Vi sono trattati tutti i grandi «temi» di Mani pulite e sono affrontate analiticamente le accuse più ricorrenti verso i magistrati milanesi: dall'abuso della carcerazione preventiva al mancato approfondimento dei filoni di indagine riguardanti le tan-

genti «rosse», dai suicidi di alcuni indagati alle presunte persecuzioni nei confronti del gruppo Fininvest e del suo *dominus*.

Nella relazione si parla della grande serietà, della specifica professionalità e dello spirito di sacrificio dei magistrati del pool. «Non si esclude che in qualche caso possano esservi stati eccessi e forzature soprattutto con riferimento all'uso della carcerazione preventiva [...]. Non si esclude che in alcune vicende, che hanno avuto tragici risvolti, sia mancata quell'umana *pietas* che non può e non deve essere mai disgiunta dalla giustizia, perché questa non sia svuotata del suo significato più vero [...]. Sarebbe stato forse anche necessario un maggior distacco dalla notorietà, che è anch'esso condizione necessaria per una vera giustizia. Ma questi rilievi negativi, solo ipotizzati o anche effettivi, non possono incidere più di tanto sugli enormi meriti di un'inchiesta che rimarrà una pietra miliare nella storia giudiziaria del nostro Paese, essendo servita a recuperare legalità e trasparenza nelle Istituzioni e nella politica. Meriti che i presenti accertamenti, fugando ombre e dubbi prospettati in ordine a determinate vicende ed evidenziando la sostanziale correttezza dei magistrati del pool Mani pulite con l'esclusione di qualsiasi anomalia o, comunque, di aspetti suscettibili di rilievo disciplinare, hanno finito per rimarcare ulteriormente.»

[20] Ad assistere Gherardo Colombo nel procedimento disciplinare per l'intervista rilasciata al *Corriere della Sera* nel 1998 (e per la quale il Csm lo assolverà) fu Edmondo Bruti Liberati, che ha difeso Colombo anche in un altro procedimento disciplinare nel quale era accusato, insieme a Ilda Boccassini, di avere compiuto atti illegittimi e lesivi dei diritti delle difese nell'ambito del processo Sme sulla presunta corruzione di alcuni giudici romani. Il Csm, il 9 settembre 2005, assolverà entrambi.

[21] Tale prova era un «passi» di Palazzo Chigi intestato all'avvocato Massimo Maria Berruti, consulente legale del gruppo Fininvest, condannato in via definitiva con sentenza della Cassazione del 19 ottobre 2001 a otto mesi di reclusione per il delitto di favoreggiamento personale. Si veda, in appendice al presente volume, nella sezione *Documenti*, la minuta della lettera di Gherardo Colombo alla Giunta per le autorizzazioni a procedere, che ricostruisce la vicenda.

[22] Si veda quanto riportato in appendice al presente volume, nella sezione *Cronologia*, in merito al coinvolgimento di Citaristi nella vicenda Enimont.

[23] Si veda Gherardo Colombo e Anna Sarfatti, *Educare alla legalità. Suggerimenti pratici e non per genitori e insegnanti*, Salani, Milano, 2011.

[24] Mario Chiesa è stato condannato in primo grado a sei anni di carcere dal tribunale di Milano il 28 novembre 1992; nel 1996 la corte di cassazione rende definitiva la sentenza d'appello che aveva ridotto la condanna a cinque anni e quattro mesi.

[25] Carriera è stato condannato in primo grado dal tribunale di Milano a sei anni e mezzo il 9 febbraio 1993. Nel 2000 la Cassazione lo condannerà in via definitiva a quattro anni. Per gravi ragioni di salute non andrà in carcere.

[26] In relazione alla vicenda dell'Aem Tognoli viene condannato nel giugno del 1994 a quattro anni, poi ridotti a tre anni e tre mesi in appello, divenuti definitivi in Cassazione nel febbraio del 1996.

[27] In relazione alla vicenda dell'Aem Pillitteri viene condannato nel giugno del 1994 a quattro anni e mezzo, confermati in appello e divenuti definitivi in Cassazione nel febbraio del 1996.

[28] Per questa vicenda Larini concorderà con la procura un patteggiamento a due anni che verrà però respinto dal tribunale nel 1995. Nel 1996 patteggerà comunque due anni.

[29] Si veda, nella sezione *Documenti* del presente volume, il testo integrale dell'intervista.

[30] Processato per violazione della legge sul finanziamento pubblico e falso in bilancio, Garofano è stato condannato, nel processo Enimont, a tre anni in via definitiva.

[31] Per la vicenda Enel Craxi verrà condannato in primo grado a Milano, il 22 gennaio 1999, a cinque anni e cinque mesi di reclusione. La sua morte, in data 19 gennaio 2000, porrà fine al processo (secondo l'articolo 150 del codice penale, « la morte del reo, intervenuta prima della condanna, estingue il reato »).

[32] Sulla vicenda processuale di Claudio Martelli si veda la nota 1.

[33] Nobili è stato sempre assolto.

[34] Greganti è stato condannato nel processo per le tangenti Enel a tre anni e sette mesi, ridotti a tre anni in appello. Nel 2002 la Cassazione rende definitiva la condanna a tre anni.

[35] Il documento è in appendice al presente volume, nella sezione *Documenti*.

[36] Pollini non ha riportato nessuna condanna. È deceduto nel 2010.

[37] Condannato in primo grado a quattro anni e otto mesi, Sama patteggia in appello tre anni e due mesi. Pena ridotta in Cassazione a tre anni.

[38] Cusani è stato condannato in primo grado a cinque anni il 27 ottobre 1995 e in via definitiva dalla Cassazione a cinque anni e dieci mesi.

[39] Curtò è stato condannato in primo grado a quattro anni e un mese per corruzione, ridotti in appello a tre anni, sei mesi e quindici giorni. Nel 1999 la Cassazione rende definitiva la condanna della corte d'appello.

[40] Deceduto nel 1994, Stefanini fino ad allora è uscito sempre indenne dai procedimenti a suo carico. Il procedimento per le tangenti relative alle centrali Enel verrà archiviato, su conforme richiesta della procura, nel maggio 1995 (in precedenza la procura aveva chiesto per due volte l'archiviazione, ma il gip Italo Ghitti aveva ordinato nuove indagini).

[41] Al processo Enimont Forlani è stato condannato a due anni e quattro mesi.

[42] De Benedetti è stato prosciolto nel 2003.

[43] Citaristi è stato condannato a tre anni in via definitiva per la vicenda Enimont.

[44] Craxi e Citaristi verranno condannati a cinque anni e mezzo. Cusani a quattro anni. Le condanne diverranno definitive nel novembre del 1996 con la pronuncia della Cassazione.

[45] Per questa vicenda Paolo Berlusconi verrà condannato in primo grado a due anni e mezzo di reclusione. In appello il reato verrà dichiarato prescritto. Sarà assolto poi in Cassazione con formula piena.

[46] Stefanini è deceduto quello stesso anno e il procedimento è perciò concluso. Quello nei confronti di Occhetto e D'Alema si concluderà con l'archiviazione.

[47] In appello la pena per Cusani verrà ridotta a sei anni. Nel 1998 la Cassazione stabilirà la pena in cinque anni e dodici mesi.

[48] De Lorenzo è stato condannato definitivamente a cinque anni, quattro mesi e dieci giorni nel 2001 per tangenti e finanziamenti illeciti nel settore della sanità.

[49] Il 29 novembre 1994 la corte di cassazione, con una decisione che fece discutere, trasferì il processo da Milano a Brescia per legittimo sospetto. Cerciello fu condannato dal tribunale di Brescia a quattro anni e due mesi, ridotti a tre anni e quattro mesi in appello, divenuti definitivi nel 2000 con la pronuncia della Cassazione.

[50] Il documento è in appendice al presente volume, nella sezione *Documenti*.

[51] In data 19 ottobre 2001 la Cassazione ha reso definitiva la condanna a due anni.

[52] Paolo Berlusconi è stato poi assolto.

[53] Sugli esiti di questa vicenda processuale relativa a Craxi e Martelli si veda la nota 1. La condanna di Gelli è stata annullata senza rinvio dalla Cassazione il 15 giugno 1999 in quanto già giudicato (e condannato a dodici anni) in altro processo. Il solo Larini è stato condannato definitivamente.

[54] Si trattava di quattro tangenti su controlli fiscali di quattro società: Silvio Berlusconi è stato condannato in primo grado a due anni e nove mesi. In appello scatterà la prescrizione per tre tangenti. Per la quarta (riguardante le verifiche fiscali sulla società Telepiù) verrà assolto con formula dubitativa. Assolto poi in Cassazione il 19 ottobre 2001 per non aver commesso il fatto.

[55] A proposito di questa vicenda, si veda anche quanto raccontato da Gherardo Colombo nel capitolo *I rapporti con l'opinione pubblica, la stampa e il mondo politico*.

[56] Nel 1998 Silvio Berlusconi verrà assolto dalle accuse di appropriazione indebita e frode fiscale, mentre i reati di falso in bilancio cadranno in prescrizione. Successivamente la Cassazione lo assolverà anche per uno dei falsi in bilancio e dichiarerà l'altro coperto da amnistia.

[57] In appello solo una parte esigua degli imputati verrà assolta. Il processo a Craxi terminerà a causa della sua morte (per l'articolo 150 del codice penale «la morte del reo [...] estingue il reato»; il nuovo processo d'appello era iniziato a seguito dell'annullamento con rinvio della sentenza di condanna da parte della corte di cassazione).

[58] In merito alla vicenda processuale di Cesare Previti, si veda la nota 13.

[59] Si veda, nella sezione *Documenti* del presente volume, il testo integrale dell'intervista.

[60] Si concluderà nel giugno del 1999 con l'assoluzione davanti alla sezione disciplinare del Csm.

[61] A proposito dell'accusa di abuso della custodia in carcere, si veda quanto affermato da Colombo nel capitolo *I rapporti con gli indagati e con il mondo imprenditoriale.*

[62] A tale proposito si veda quanto affermato da Colombo nel capitolo *Quando la corruzione « non poteva » emergere: gli anni Ottanta*, e l'estratto dalla relazione finale della Commissione Anselmi, in appendice al presente volume nella sezione *Documenti.*

[63] Il testo della lettera è tratto dall'articolo di Enzo Biagi dal titolo *Vi racconto le mie Mani pulite*, apparso sul *Corriere della Sera* l'8 luglio 1992.

INDICE DEI NOMI

INDICE DELLE TESTATE GIORNALISTICHE

INDICE GENERALE